千米级冰川公路泥石流致灾机制诊断

——以天山 G217 独库公路为例

林达明　包卫星　尚彦军等　著

科学出版社

北京

内 容 简 介

天山山脉是中亚地区最大的山系，其冰川是全球典型的高山冰川，天山冰川条数在中国各山系中位列第一。本书以天山G217独库公路上的冰川泥石流为研究对象，主要从公路冰川泥石流的内动力、孕育过程和致灾机制3个方面对千米级高差与搬运距离的冰川公路泥石流进行诊断研究。①关于内动力的研究，在冰川地形地貌、物源侵蚀演化和融冻泥流作用的基础上，分析千米级高差与搬运过程的雨雪物源增能机制、高差比降增能机制和长距离搬运溃决增能机制；②关于孕育过程，本书主要结合持续高温融雪条件下的降雨触发，从地貌信息熵、InSAR、水力消融和冰碛物运动冲击等角度开展冰川泥石流孕育过程诊断研究；③在我国自有北斗系统的定位和通信功能帮助下，对冰川泥石流的高温融雪曲线模型、高温致灾临界条件、山区降雨时空分布与有效融雪模型、泥水位临界条件和地表位移临界条件等参数开展研究，最后进行综合预警，并总结出天山公路的保通和抢通措施经验。但愿本书能为全球高寒、高烈度、高海拔冰川山区的公路泥石流保通和抢通提供一点技术支持，并供国内外同行参考。

本书可供地质工程、道路工程、土木工程、水利工程和防灾减灾等领域的工程师、科研人员参考，也可作为水利、交通、工程地质等专业研究生的参考书。

图书在版编目(CIP)数据

千米级冰川公路泥石流致灾机制诊断：以天山G217独库公路为例 /
林达明等著.—北京：科学出版社，2019.8
ISBN 978-7-03-061719-4

Ⅰ.①千…　Ⅱ.①林…　Ⅲ.①山区道路–公路路基–泥石流–灾害防治–研究–新疆　Ⅳ.①U418.5

中国版本图书馆CIP数据核字（2019）第121283号

责任编辑：张井飞 / 责任校对：张小霞
责任印制：肖 兴 / 封面设计：耕者设计工作室

科学出版社 出版

北京东黄城根北街16号
邮政编码：100717
http://www.sciencep.com

北京汇瑞嘉合文化发展有限公司 印刷
科学出版社发行 各地新华书店经销

*

2019年8月第 一 版　开本：787×1092 1/16
2019年8月第一次印刷　印张：12
字数：290 000

定价：168.00元
（如有印装质量问题，我社负责调换）

守望天山

　　中国是世界上中低纬度冰川最发育的国家，又是世界荒漠区和贫水国中冰川最多的国家。天山山脉、昆仑山和喜马拉雅山脉是全世界主要的高山冰川分布区。天山山系呈纬向分布，是中亚地区最大的山系，天山冰川条数在中国各山系中位列第一，冰川条数占中国的 19.61%，因此研究天山典型区域的冰川泥石流致灾机制对于全球高山冰川泥石流防灾减灾具有重要的引领和借鉴作用。

　　天山褶皱构造活跃复杂，山脉宽度一般为 250～350km，山脊平均高度为 4000m，拦截了大量水汽，是南北疆气候的分水岭。随着全球气候变暖，天山地区冰川退缩加剧，融水量增大，冰川泥石流灾害频率随着冰川融水径流的增加而增大，冰川泥石流与低海拔区域降雨型泥石流的致灾机制有着较大差异。

　　天山山脉是典型的高山冰川区域，存在大量搬运距离为 1500～4000m，高差为 1000～2500m 的千米级冰川公路泥石流，这些千米级泥石流的共同特点是发生概率高（平均每两年 2～3 次）、淤积量大（每次有 5000～30000m³ 冲毁路基），冰碛物颗粒大小差异较大。受沟谷的深切差异、搬运过程弯曲不一、冰川高温融雪时空机制与夏季降雨等的影响，泥石流搬运过程磨蚀和沉积机制复杂。根据天山地区实地考察和近 50 年历史灾害对比发现，天山地区一些小型泥石流和万米级（搬运距离大于 10km，高差大于 4km）冰川泥石流受空间等复杂因素的影响，其致灾频率和破坏力比千米级冰川泥石流小。

　　交通运输部公路科学研究院道路地质灾害防治团队通过多年调研发现天山千米级冰川泥石流暴发频繁，其暴发时能量巨大，来势凶猛，破坏力强，难以预报，所到之处，如摧枯拉朽一般横扫一切，造成了严重的人员伤亡和财产损失，这引起了政府和社会的广泛关注。在这种背景下，研究千米级高差与搬运距离冰川泥石流的形成机理和活动规律，并分析其防护措施，对于减少中国乃至全球高山冰川地质灾害的人员伤亡、经济损失具有重要的意义。

　　《千米级冰川公路泥石流致灾机制诊断——以天山 G217 独库公路为例》一书来之不易，是作者连续 5 年（2014～2019 年）4～9 月带着研究团队驻扎在天山独库公路、东天山 S302 公路和阿勒泰山脉 S226 公路科研攻关的结晶。他们在天山的俊美河山中，冒着生命危险，克服交通、通信、生活、气候困难，通过对千米级冰川泥石流进行地质调查、遥感分析、现场试验、北斗监测布设等，结合室内分析、数值模拟和理论研究，终于总结提炼出这样一部有相当理论深度和广度的千米级冰川公路泥石流专著，在很多机理理论方面，尤其是千米级的研究视角还是首创。该书对于新疆、西藏乃至全球高山冰川灾害区域的交通、国土和水利等部门的广大工程技术人员具有重要的参考价值。

图 1-9　独库公路北段（独山子—乔尔玛段）

图 1-10　蜿蜒威武的独库公路

改建后的公路的等级为山区二级公路，局部困难路段适当降低技术指标，设计时速为 40km，局部路段为 30km。路基宽度为 8.5m，行车道宽度为 7.0m，土路肩宽度为 75cm。路面等级属于高级路面，为沥青混凝土路面。路面设计轴载为 BZZ-100，设计年限内一个车道上的累积当量轴次为 100×10^4 次，汽车荷载等级为二级公路，设计洪水频率：路基 1/50，涵洞、小桥 1/50，大、中桥 1/100。

1.2.2　天山公路冰川泥石流特征

国内外在常规泥石流、沟谷泥石流等方面有很多研究成果。而天山冰川或多年冻土山区地质成因复杂，其致灾规律多变，冰川冻融破坏对浅层地表造成了强烈的侵蚀，产生的破碎岩体或者碎屑通过远程活动转换成碎屑流体，如遇夏季雪水融化时容易产生泥石流。远程搬运的堆积体–滑体结构具有层序保持现象（堆积物的岩性层序与滑坡发生前滑体中的岩层层序是一致的）和反序现象（滑体碎屑流的堆积层表层聚集着大的块石或漂石颗粒，而越往下，颗粒逐渐变细，到了一定深度，碎屑完全由相对均匀的颗粒物质组成）（图1-11）。

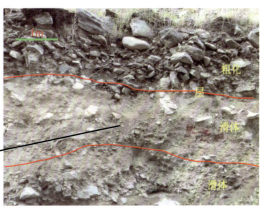

图 1-11　G217 冰川冻融与堆积作用下的高频泥石流滑体结构

天山 G217 独库公路北段泥石流集中发育在独山子—乔尔玛段（K552—K702），泥石流沟面积小于 5km^2 的泥石流占 93.7%（图1-12），其中，小于 0.5km^2 的泥石流共有 22 条，占总数的 45.8%（邓养鑫，1994，1995）。此段泥石流主要为小型的山坡型泥石流，其余为大型、特大型冲淤变动型沟谷泥石流（图 1-13 和图 1-14）。

图 1-12　天山 G217 独库公路 K630 泥石流龙头与 K636 黏性泥石流

天山冰川泥石流沟多数具有"沟长坡陡路线弯"的特性，源头为冰川和古冰川作用形成的瓢状围谷，上部坡度大于 40°、下部坡度为 37°左右，交、汇流迅速。冰舌以悬冰川为主，末端不呈舌状而为陡壁，极不稳定，在连续高温情况下，冰川强烈消融，引起冰塌。K630、K636、K637 和 K648 泥石流沟为典型的沟谷型泥石流沟（图 1-13），泥石流沟处于北天山干热河谷的坡体，地势陡峭，沟谷幽深，地形切割深度大，河谷相对高差为 2000～3000m，河床纵比降可达 50%，利于沟中水流快速汇集。

K630 泥石流沟季节性冰川面积为 1.13km^2，流域面积约为 2.45km^2，堆积区面积不足 0.5km^2。夏季冰川和积雪分布在海拔 3200～4300m，堆积区海拔为 2200～2300m。冰雪源区坡度为 40°～60°，流通区坡度为 23°～33°，平均坡降为 53.6%。

图 1-16　千米级高差与搬运距离冰川公路泥石流致灾机制研究示意图

中游区域（$H = 2700 \sim 3500m$）的冰碛物，汇水区范围比上游小，但是比下游大，存在季节性冰川或冰舌。通过对独库公路多条千米级冰川泥石流进行分析，该区域的冰碛物起到承上启下的作用，即使发生局部单次或多次循环冰碛物溃决，得益于该区域与道路结构还有 1km 左右的距离，不会即刻造成规模性的社会影响，但是对最终下游发生泥石流灾害有推动作用。

下游冰碛物（$H = 2000 \sim 2700m$），因高度相对较低及融雪水、液态降水的浸润，集中湍急的水流的冲刷、切割、掏挖作用，侧蚀崩塌现象等均较上游严重，而且崩塌物和下滑物堵塞沟道阻断水流，潜伏着泥石流的隐患，一旦有触发因素，随时都有泥石流暴发的可能。又因为与道路基础设施距离近，所以固体物质处于下游比处于中上游较容易暴发泥石流。

天山，尤其是北天山泥石流大冲大淤的原因主要是冰川物源区与构造物（公路等）的距离和高差较大，具有频率高、数量大、规模大、危害性大的"一高三大"的突出特点。根据现场地质调查和在图 1-14 基础上统计得出天山公路北段典型千米级高差与搬运距离冰川泥石流的几何特征，见表 1-2。从该表中可以看出 G217 沿线大量泥石流沟的高差为 $1 \sim 3km$（以 2km 左右为主），搬运距离为 $1 \sim 7km$（以 $3 \sim 4km$ 为主），这些泥石流沟的致灾机制与内地暴雨型泥石流、西南暴雨型沟谷型泥石流截然不同。表 1-2 同时也反映出 G217 沿线存在部分搬运距离为 $15 \sim 25km$（高差还是在 2km 左右）的冰川泥石流沟，天山公路运营经验表明超长搬运距离（超过 5km）的泥石流沟的发生概率、造成的损失与一般千米级泥石流沟相比较小，因此，本书千米级高差聚焦在 2km 左右，千米级搬运距离聚焦在 $3 \sim 4km$，平均坡降在 0.5 左右。

表 1-2　天山公路北段典型千米级高差与搬运距离冰川泥石流的几何特征

序号	GPS		高差/m	搬运长度/m	平均坡降	最大坡降
	北纬（N）	东经（E）				
g1	44°1′19.79″	84°39′21.99″	2463	6970	0.35	1.6
g2	43°59′16.16″	84°37′22.25″	1506	3310	0.45	1.2
g3	43°58′31.06″	84°36′37.55″	1924	3350	0.57	1.3
g4	43°57′4.90″	84°35′36.01″	2794	15100	0.19	1.1
g5	43°56′15.23″	84°33′22.05″	1906	21800	0.09	1.1
g6	43°52′59.53″	84°29′51.30″	2204	4350	0.51	1.2
g7	43°52′23.93″	84°29′26.83″	934	3300	0.28	2.1
g8	43°50′34.51″	84°28′11.33″	2098	3600	0.58	1.5
g9	43°50′15.10″	84°28′4.98″	2064	4550	0.45	1.7
g10	43°49′30.10″	84°28′34.25″	1526	2570	0.59	1.1
g11	43°48′34.41″	84°28′11.32″	1817	5490	0.33	1.3
g12	43°47′33.71″	84°27′52.18″	1219	5900	0.21	1.1
g13	43°46′32.86″	84°27′4.44″	1240	5620	0.22	1.1
g14	43°47′15.03″	84°27′28.80″	1359	4830	0.28	1.2
g15	43°46′29.93″	84°27′4.60″	1251	4950	0.25	1.1

1.3 天山冰川末端海拔与面积变化特征

气温和降水是冰川发育发展的两个重要控制因素，温度决定消融，降水影响积累。收集天山地区蔡家湖、乌鲁木齐、达坂城、奇台 4 个气象站 1960～2012 年逐年平均气温和降水数据分析得出：近 50 年来天山地区年均气温的升高趋势明显，增温幅度为 0.22℃/10a，高于全球平均升温率（0.148℃/10a），年降水量变化幅度较大，也呈上升趋势，平均增加量为 13.26mm/10a（常鸣等，2012；牛生明等，2014）。

在这种组合气候变化背景下，该地区冰川总体呈面积减小的退缩状态。虽然降水量增加，但冰川对气温的敏感性更大，固态降水增加对冰川的补给无法弥补冰川消融所带来的物质损失，从而导致冰川区冰川普遍萎缩，冰川末端海拔快速上升。

天山大部分冰川等均处于加速退缩状态，以 200m 为海拔梯度，对冰川末端海拔变化进行统计分析，表明天山地区冰川末端海拔主要分布在 3300～3500m、3500～3700m、3700～3900m；3300～3500m、3700～3900m 冰川末端退缩变化较大；末端海拔在 3700～3900m、3900～4100m 的冰川条数增加明显，表明末端海拔在 3300～3500m、3500～3700m 的冰川很多上升到 3700～3900m、3900～4100m。

2014 年 8 月～2017 年 8 月笔者多次调研发现北天山独山子到乔尔玛段沿线的冰川末端海拔为 3600m 左右，该数值对后续冰川融雪水动力的分析有重要作用。

天山公路海拔相对较高，为 2000～3700m，呈现出山区气候的主要特征，即主要为大陆性季风气候。气候受西伯利亚寒流的影响，四季温差大，春季多风，夏季多雨，秋季少雨，冬季积雪。年平均气温为 9.6℃，1 月平均气温为 -15℃，极端最低气温为 -35℃；7 月平均气温为 18℃，极端最高气温为 32℃。该区域属于半干旱区域，除夏季外，其余季节降水量偏少，以暴雨或阵雨为多，沿线地区几乎每年都遇暴雨，暴雨出现时间多集中在 6～8 月，占总数的 50% 以上。历时不超过 1h 的暴雨占 41%～44%。年平均降水量分布在 200～400mm，多集中在 7～8 月，约占全年降水量的 50% 以上；12 月至次年 2 月降水量少，占全年降水量的 3% 左右。年平均蒸发量为 500～1200mm，为降水量的 2.5 倍。早霜始于 10 月中旬，晚霜终于次年 4 月上旬，无霜期约 205d。冻结期 12 月至次年 3 月，冻结深度为 50～60cm，最大冻土深度为 1.5m。最大积雪厚度为 4500mm（玉希莫勒盖达坂），年平均风速为 2.9m/s，年平均相对湿度为 52%。

由图 1-17 可以看出，20 世纪 60～90 年代年平均气温呈逐渐升高趋势，60、70 年代为相对偏冷期，最冷时期在 60 年代（平均气温为 6.8℃）。2000 年以后为相对偏暖期，其中最暖期 90 年代比 60 年代年平均气温升高了 0.9℃。由图 1-17 可见，天山北坡经济带 57a 来气温呈明显上升趋势，年际平均增温率达到 0.27℃/10a，其变化趋势与新疆气温的变化趋势（尤其是北疆地区）一致。2017 年平均气温达 9.4℃，是近 57a 气温最高值，比 57a 年平均气温高 2.2℃。由 5a 滑动平均气温曲线可见，相对于 57a 年平均气温值，1962～1965 年、1979～1984 年、1987～1999 年、2016～2017 年偏暖，其间的时段偏冷，其中 1994～1999 年和 2015～2017 年是年平均气温上升最强劲的时期（陈俊杰等，2008；刘琳等，2015；李成等，2015）。

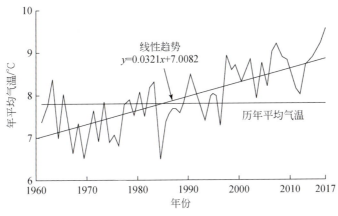

图 1-17　1961～2017 年新疆年平均气温变化

以天山博格达峰地区为例，在 1∶5 万地形图、Landsat ETM + 影像及数字高程模型等数据基础上的研究表明：50 多年来，天山博格达峰的 112 条冰川总面积从 109.94km² 减少到 85.88km²，减少了 24.06km²，退缩率为 21.88%；冰川平均面积从 0.98km² 减小到 0.78km²（图 1-18 和图 1-19）。

a　　　　　　　　　　　　　　　　　b

图 1-18　北天山冰川覆盖面积影像变化

a. 1984.12.31；b. 2016.12.31

a　　　　　　　　　　　　　　　　　b

图 1-19　博格达峰冰川覆盖面积影像变化

a. 1984.12.31；b. 2016.12.31

对天山博格达峰地区和独库沿线多个气象站 1960～2017 年逐年平均气温和年均降水数据进行分析可以看出（图 1-20）：50 多年来天山地区年均气温的升高趋势明显，增温幅度高于全球平均升温率（0.148℃/10a），年降水量变化幅度较大，平均增加量为 1.33mm/a。在这种组合气候变化背景下，冰川总体呈面积减小的退缩状态。虽然降水量增加，但冰川对气温的敏感性更大，固态降水增加对冰川的补给无法弥补冰川消融所带来的物质损失，从而导致冰川普遍萎缩（何毅等，2015；仇家琪和邓养鑫，1983；邓养鑫和邓晓峰，1983；李成等，2013）。

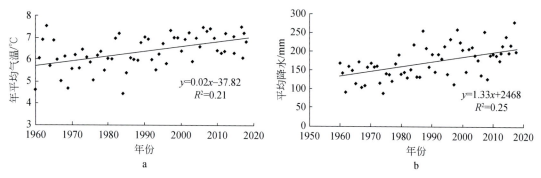

图 1-20　独库沿线 1960～2017 年逐年平均气温和年均降水数据

a. 逐年平均气温；b. 年均降水

海拔区间上的冰川变化事实表明，低海拔区域存在明显的冰川末端升高趋势，加上冰川面积减少，短时间内冰川加速退缩会使河川径流量增加。其中，近 10a 天山南坡中西段河流出山径流量增幅最为显著，平均增幅在 30% 以上。

新疆 65% 的河流源于天山山区，其径流量占全疆总径流量的 54%。除了降水比较丰沛之外，天山山区的高山地带还分布有丰富的现代冰川与永久性积雪（图 1-21），冰川积雪融水是源于天山南北坡的诸条河流出山径流的重要组成部分。径流量的变化主要受气候条件与人类活动（主要表现在对流域下垫面的综合作用上）的影响。山区流域人类活动的影响相对较小，影响径流变化的主要因素是气候变化。

图 1-21　G217 冰蚀现象（中风化片麻岩，$H = 3200$）

河川径流主要来源于大气降水（蓝永超等，2007；葛国际，2013），所以径流量变化与降水变化基本一致。分析表明，天山北坡 1960～1990 年的径流量偏少 5% 左右，自 1996 年以后，大多数河流出山径流量呈增加变化趋势，增加幅度为 10%～20%（袁晴雪和魏文寿，2006）。

天山北坡的河流径流量普遍比 1960～1980 年增加了 10%～20%，南坡增加了 20%～40%，少数河流增加高达 60%～70%，如 1996～2005 年阿拉沟、黄水沟平均年径流量比 1960～1995 年分别增加了 63% 和 70%。流域面积大、冰川储量丰富的河流年径流量呈稳定增加状态，如特克斯河、喀什河、玛纳斯河、开都河、昆玛力克河、托什干河、克孜河流域面积都在 5000km^2 以上，冰川面积在 500km^2 以上，近 10a 都比较稳定地保持在偏多 15% 以上。

春季径流量与冬季积雪和春季降水有关。天山北坡自 20 世纪 90 年代降水量增加以来，春季径流量也普遍稳定增加 15% 左右，少数河流增加幅度高达 30%，如位于天山西部的特克斯河增加了 32%。

夏季降水和气温都影响径流的产生。从 18 条河流夏季径流量变化看，从 20 世纪 90 年代起，夏季径流量是四季中增加最多的，与夏季降水相对应，天山北坡径流量增加了 15%～20%，南坡径流量普遍增加了 20%～40%，南坡中段小河流域增加的径流量幅度最大，如阿拉沟、黄水沟、台兰河径流量增加的幅度为 40%～60%。

秋季径流量受流域退水和秋季气温、降水的影响。20 世纪 80 年代以来，秋季增温仅次于冬季，延长了冰雪融化期。90 年代末至 2005 年，天山北坡的秋季径流量普遍增加了 15%，南坡增加了 20%～30%，与其他季节径流量变化相比，大河流域径流量增加的幅度大于小河流域，如特克斯河、喀什河、玛纳斯河、开都河、托什干河、昆玛力克河秋季径流量增加的幅度都大于其他季节。

第 2 章　天山高海拔冰缘环境的融冻泥流作用

2.1　冰缘环境的形态发育特征

2.1.1　天山冰川及雪线

气候严寒的天山高山、高纬度地区年平均温度在 0℃ 以下，常年积雪，当降雪的积累大于消融时，地表积雪逐年增厚，经一系列物理过程，积雪就逐渐变成微蓝色的透明的冰川冰（王丙超等，2008；张正勇等，2015）。冰川冰是具有可塑性的多晶固体，受冰层压力作用或自身重力作用顺斜坡坡缓缓运动，冰川对地表的塑造作用是很强烈的，仅次于河流，所以冰川也是塑造地形的强大外营力之一。凡是经过冰川作用的天山地区，都能形成一系列冰川地貌。

天山冰川条数在中国各大山系中排名第一。冰川地貌是鉴别冰川作用范围和性质的标志。冰川发育最基本的地形条件是山脉（或山峰）的海拔是否伸入到雪线（即平衡线）高度以上，所以天山山脉或山峰的绝对高度及其在雪线以上的相对高度是决定山地冰川数量和其规模大小的主要地形要素。

热（温度）、水（降水）及其组合是天山冰川发育的主要气候影响因子。降水量决定冰川积累，气温决定冰川消融。因此，降水的多少及其年际变化和年内分配对冰川的补给和活动性有影响；而气温的高低则对成冰作用与冰川消融产生影响。降水和气温共同决定着冰川的性质、发育和演化。

雪线是高纬度和高山地区永久积雪区的下部界线，该地带全年冰雪补给量和消融量持平。冰川的发育和分布均受雪线的控制，所以雪线是冰川的重要标志（张连成等，2015）。一个地区的雪线高度综合反映了该地气候（包括纬度、环流诸因素）、地势和地形各因子对冰川发育的影响，控制着冰川发育的规模。天山雪线随气候变化会引起冰川的相应进退，雪线高度及变化规律在冰川泥石流致灾研究中十分重要，天山地区雪线高度为 3600m 左右（图 2-1）。

冰川发育及其形态类型取决于山峰最高海拔及其与雪线水准面的位置关系。综合喜马拉雅山脉、天山山脉和昆仑山脉等西部山区高度与雪线水准面的关系，天山山脉的冰川可以分为以下几种情形。

1）低于雪线水准面的山地，一般不发育冰川；

2）山脊高出雪线 500m 的山地，一般发育冰斗冰川和悬冰川；

3）山脊高出雪线 600～700m 的山地，可能发育山谷冰川。

雪线是冰川发育水热条件的综合指标，雪线低反映在相同纬度其冰川所在位置较低，

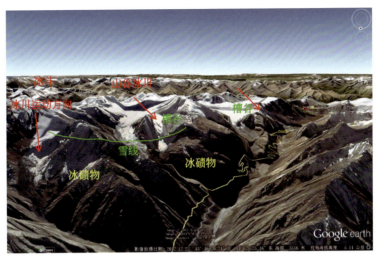

图 2-1 天山哈希勒根达坂冰缘环境形态发育特征

消融强烈, 冰川泥石流灾害的潜力大 (李吉均等, 1983)。

2.1.2 冰蚀作用及冰蚀地貌

冰川形成后, 由于其具有可塑性质, 其在重力或压力作用下是运动着的。天山区域冰川在运动过程中对地表的侵蚀破坏能力很大。冰川有两种侵蚀方式, 即拔蚀作用和磨蚀作用 (图 2-2)。拔蚀作用是天山冰川侵蚀作用破坏最强的, 也是大岩块和岩屑带入冰内或冰川底部的主要方式, 磨蚀作用可在基岩上形成擦痕和磨光面 (图 2-3), 擦痕与冰川运动方向大致平行, 拔蚀作用和磨蚀作用是产生冰碛物物源的主要原因之一 (周志远等, 2015)。

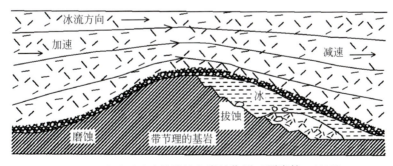

图 2-2 冰川对基岩的拔蚀和磨蚀作用 (严尚钦, 1990)

冰川侵蚀作用是塑造冰蚀地貌的主要地质营力, 最典型的冰蚀地貌有冰斗、角峰、槽谷 (U 形谷)、羊背石等, 冰川槽谷是鉴别古冰川作用的主要地貌标志之一, 是由冰川侵蚀而成的谷地。横剖面呈 U 形, 所以又称 U 形谷。冰川槽谷的主要形态特征是有近于平直的通道和明显的谷肩 (爱·德比希尔等, 1982)。冰川槽谷的纵向延伸和横向拓宽同冰

图 2-3　独库公路冰碛物擦痕与磨光面

缘作用、溯源侵蚀后退和冰舌前进推移等有关。

一般认为，冰川槽谷是冰与水交替作用的产物，会对后期泥石流灾害产生巨大影响。冰期时，冰川充填山谷，谷地几乎不受流水侵蚀；间冰期时，冰川消退，融水侵蚀谷底，下切成更窄的谷形；再一次冰期来临，冰川又充填谷地，形成典型的槽谷地形，是泥石流灾害重要水源。

2.1.3　冰碛物及冰碛泥流地貌

冰川运动时，不但拥有很强的侵蚀破坏力，而且还可携带由冰川侵蚀作用造成的众多岩性碎屑物，以及位于冰川谷两侧山坡上因冰崩、雪崩、融冻风化等作用所产生的坠落堆积物。它们随冰川一起向下运动，这些大小不等的碎屑物质统称为冰碛物，是泥石流致灾的主要物源。

根据冰碛物所在冰川内位置的不同，可分为表碛、内碛、底碛、侧碛、中碛、终碛。冰碛物所堆积成的地形统称冰碛地貌。冰碛地貌可用来研究古冰川和恢复古地理环境。冰碛地貌主要有侧碛堤、中碛堤、终碛堤、冰碛丘陵、鼓丘（图 2-4）。

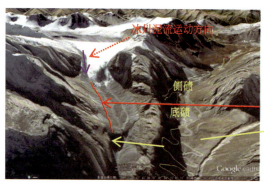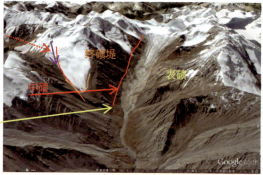

图 2-4　天山哈希勒根达坂冰碛地貌

侧碛堤是于冰川消退后侧碛及表碛堆积而成的。它在冰川谷的两侧堆积成堤状，常和下游冰舌前端的终碛堤相连，其向上游可一直伸展到平衡线附近。

终碛堤是指当冰川的补给量与消融量保持相对平衡时，冰川的末端较长时间停滞在某处，融化时从冰川上游携带来的物质于冰川末尾堆积成弧形的堤。

山谷冰川的侵蚀破坏能力远大于冰斗冰川或悬冰川。山谷冰川储存的冰碛物占优势，山谷冰川所在沟谷，其主河处可见到侧碛垄或终碛垄。单方面讲，冰川发育坡度越大，越有利于冰川消融。悬冰川或冰斗冰川消融量相对较少但融化速度快，汇流速度快；山谷冰川融化速度慢但消融量多，这些都为冰川泥石流灾害提供了主要的水动力条件（图 2-5）。

图 2-5　天山公路 K636 多期冰碛物堆积剖面（①~④代表崩积年代从年轻到年老）

天山区域暴发泥石流频繁的泥石流沟内基本上都发育有冰斗冰川或悬冰川（邓养鑫，1983），而山谷冰川发育得较少。单一冰斗冰川或悬冰川的消融量虽不及山谷冰川，但融化速度快，地势良好，易汇集，沟道松散物质足够时，触发泥石流的可能性大；山谷冰川面积大，融化速度慢，主沟又长，下渗及蒸发多，沟道较缓，很难暴发泥石流。

2.2　千米级高差与搬运距离的泥石流沟道物源与侵蚀演化

2.2.1　沟道形态

冰川泥石流沟谷地貌演化是构造、时间和营力的函数，3 个变量的不同组合变化可把地形发育分为幼年期、壮年期和老年期。天山泥石流的发育和其他自然现象一样，有其发生、发展和消亡的过程。不同发育阶段的泥石流流域，其沟谷形态、活动强度和危害程度也不同。对于许多小流域，崩塌、滑坡产生的物质往往通过沟谷，以冰碛物泥石流的形式

这些变化使千米级泥石流的沟道运动方式及泥石流动力学特征比常规泥石流致灾机制更加复杂,使得泥石流流动过程的流量、泥深等呈现出多峰型涨落曲线形式,而不同区段和总体泥石流的能量构成、能量耗散、能量转化及能量分布特征也随之改变。

泥石流冲击差异:泥石流冲击力是指冰碛物块体相互碰撞时出现的力。在碰撞或打击过程中,物体间先突然增大而后迅速消失的力称为冲力或碰撞力。冲击力的特点是作用时间极短,但是量值可以达到很大。泥石流流体及所含的巨砾有极大的冲击力,往往是工程破坏或沟底底蚀破坏的直接原因(杨林科,2013)。

针对千米级冰川泥石流体中冰碛物块石对被撞结构物的冲击力,目前建立的计算式较多,《山洪泥石流滑坡灾害及防治》中主要有 3 种。

(1)悬臂梁式冲击力

悬臂梁式冲击力即将被撞结构简化为悬臂梁,该简化结构的一端为固定端,另一端为自由端。泥石流冰碛巨砾作用在其上的冲击力计算式为

$$p_{\mathrm{d}} = \sqrt{\frac{3EJv_{\mathrm{c}}^2 Q_{\mathrm{p}}}{gl^3}} \tag{3-4}$$

式中,E 为被撞构件的弹性模量(kPa);J 为惯性矩(m^4);l 为被撞构件长度(m);v_{c} 为泥石流平均流速(m/s);其余符号含义同前。

通过对冰碛物堆积物固结体进行试验,得出冲击体的力学参数,见表3-2,通过计算得出,当被撞结构为悬臂梁式时,泥石流巨砾作用在其上的平均冲击力为 448.96kN。

表 3-2　独库公路单次循环冲击力参数

E/kPa	J/m^4	$V_{\mathrm{c}}/$(m/s)	Q_{p}	g	l/m
50	300	2	1000	9.8	4.5

(2)简支梁式冲击力

简支梁式冲击力即将被撞构件概化为简支梁,该简化结构将泥石流滑体两端搁置在支座上,支座仅约束泥石流滑体的垂直位移,滑体可自由转动。泥石流巨砾作用在其上的冲击力计算式为

$$p_{\mathrm{d}} = \sqrt{\frac{48EJv_{\mathrm{c}}^2 Q_{\mathrm{p}}}{gl^3}} \tag{3-5}$$

式中符号含义同前。

假设在独库公路单次循环冲击过程中的冰碛物堆积物固结体力学参数都一样的情况下,通过计算得出,当被撞结构为简支梁式时,泥石流巨砾作用在其上的平均冲击力为 1795.6kN。

(3)弹性球冲击力

弹性球冲击力即把泥石流巨砾视为弹性球,建立的冲击力计算式为

$$p_{\mathrm{d}} = K_{\mathrm{c}} n\, a^{\frac{3}{2}} \tag{3-6}$$

式中,K_{c} 为修正系数,一般取 0.2。

系数 a 由下式计算:

$$a = \left(\frac{5v_s}{4n_1 n}\right)^{\frac{2}{5}}$$

$$n_1 = \frac{1}{m_2}$$

$$n = \sqrt{\frac{16R_g}{9\pi^2(k_1 + k_2)^2}}$$

$$k_1 = \frac{1 - \mu_1^2}{\pi E_1}$$

$$k_2 = \frac{1 - \mu_3^2}{\pi E_2}$$

式中，μ_1 和 μ_2 为被撞结构和巨砾的泊松比；E_1 和 E_2 为被撞结构和巨砾的弹性模量（kPa）；R_g 为弹性球体半径（m）；v_s 为巨砾冲击速度（m/s）；m_2 为巨砾的质量（kg）。

当被撞结构为塑性材料时，泥石流巨砾的冲击力计算式为

$$p_d = \pi R_s \alpha \sigma_p$$

$$\alpha = v_s \sqrt{\frac{m}{\pi R_s \sigma_p}} \tag{3-7}$$

式中，σ_p 为被撞结构的塑性极限强度（kPa）；m 为巨砾的质量（kg）；其余符号含义同前。

通过表 3-3 计算得出，当单次循环被撞结构为弹性球结构时，泥石流巨砾作用在其上的平均冲击力为 1732.1kN。

表 3-3　独库公路单次循环冲击力参数

K_c	n	a	$V_s/$（m/s）	$m_2/$kg	$R_g/$m
0.2	122.05	15.37	4	22619.5	1.5
k_1	k_2	μ_1	μ_2	$E_1/$kPa	$E_2/$kPa
0.002	0.002	0.4	0.45	120	125

从上面三种简化的冲击结构中可以看出，被撞结构简化为悬臂梁式时冲击力最小，说明冰碛物在堆积固结过程后，如果被冲击过程端口有一定的活动性，能对冲击力有一定的消耗，降低冲击力。千米级搬运距离过程的弯曲程度与冲击力呈逆相关关系，结合独库公路多年营运经验，由表 3-3 和计算可以看出，搬运距离过程越是弯曲，泥石流致灾概率和损失越低。

3.3　冰川泥石流千米级增能机制

从前面的介绍可以看出，受制于物源、长距离、大高差和水动力条件多变等因素，千米级冰川泥石流能量机制相对复杂，因此，泥石流运动过程中能量的积累、能量的增加扩大和能量的耗损过程是泥石流运动特征机制研究的重点。

3.3.1　沟域雨雪与物源增能作用

沟域的大小对泥石流启动及运动过程中能量的影响主要表现在两个方面：一是增加融

雪降雨，提高汇流清水总量；二是提供大量沟域物源。沟域的这两种增能作用都是旨在增加泥石流流体的运动质量，以达到增加泥石流流体机械能的效果。

在不同海拔，冰川雪水与降雨都具有一定的增能作用。一方面，夏季持续高温导致冰川融化量增加，在一定条件下雪水下渗达到一定强度使土体饱和后，沟域内雪水、雨水在地表的入渗量将小于融化量与降雨量，进而产生地表径流，大量地表径流汇集入沟将会产生一定规模的清水洪流。

沟域面积越大，则沟域汇水面积越大，沟域清水汇集量越多，则在泥石流启动过程中形成的初始洪流越大，泥石流的启动流量越大，泥石流运动过程中和启动后所得到的阶段性清水补给也越大，从而使得泥石流流体质量增加，能量增加；水源对泥石流流动能量的影响主要通过沟域大面积汇流作用产生水源洪峰流量，从而增大流体质量，增大泥石流机械能（图3-2）。

图 3-2　沟域增能作用
a. 海拔 3800m 冰川；b. 海拔 2400m 沟底汇水增能；c. 侧沟垮塌物源增能；d. 海拔 2800m 侧沟垮塌物源增能

同样，不同海拔侧蚀垮塌，冰碛物具有不同的物源增能作用。沟域面积越大，则沟域所提供的物源量越多，暴雨条件下可能参与泥石流的物源量越多，泥石流启动和运移过程中所带动的物源量也越多，物源的大量补给使得流体质量增大，从而使得流体机械能增加（蒋志林，2014）。根据《岩土工程勘察设计手册》，泥石流流体干容重 γ_s 一般为 2.4 ～ 2.7g/cm^3，而水的容重为 1.0g/cm^3。因此，物源补给时泥石流流体增能的作用效果远大于水源补给增能（顾文韬，2015）。

一次泥石流所带动的固体物源总量与泥石流流量 Q_c 成正比例相关关系，而 Q_c 又与沟域面积 F 成正比例相关关系。因此，泥石流在运移过程中所带物源动储量除了与沟域内所储存的物源动储量有关以外，还与泥石流流量有关，而泥石流流量又与清水洪峰流量有关（陈宁生等，2004b，2004c）。

综上所述，沟域物源主要以两种方式增加泥石流能量：一是大沟域提供了大量物源动储量，使得泥石流运动过程中有足够的物源补给带动量；二是大沟域提供了大量水源，使得泥石流洪峰流量变大，泥石流流体能够带动更多的物源（唐宏旭，2013；顾文韬等，2015）。以独库公路 K636 的 $h=2800\text{m}$ 沟谷高程为例，滑床每年至少抬高 1.2m，由于该沟谷流域整体面积为 4.24km^2，物源量至少增多 $5.088\times10^6\text{m}^3$，使得泥石流断面流量 Q_c 增大，从而以增大流体质量的方式增大泥石流运动的机械能（包括动能和势能），这 $5.088\times10^6\text{m}^3$ 在不同海拔分布比例差异明显，增能作用也一样。

3.3.2　千米高差比降增能作用

天山冰碛物高位势能效应主要受大高差的影响（张元才等，2008；向国萍等，2015）。天山公路沿线的物源区与路面数千米的高差为泥石流提供了充足的高位势能，一次冰川泥石流中沟域冰碛物的初始机械能的大小决定了本次泥石流的规模，而泥石流启动前的初始机械能则主要为冰碛物源及雪水水源所具有的势能。冰碛物物源启动前初始势能的积蓄是泥石流运动能量的根本来源，而初始势能最终是由冰碛物冻融破坏、搬运过程物质的摩擦及碰撞作用损耗掉的。从根本上说，泥石流初始势能越大，则可供流体损耗的能量越多，流体运动的规模及距离越大。

（1）高位崩滑体增能

2000 多米的落差（K636 和 K637），加上天山山脉构造活动、冻融循环破坏和冰碛物松散等因素，使得 G217 沿线泥石流沟域产生了较多的高位崩滑流体，高位崩滑流体进入沟道后立即形成结构松散的高位崩滑堆积体。沟顶部产生的大量松散高位崩滑堆积体使泥石流沟顶蓄积了巨大的势能，而势能的积蓄情况在降雨作用下得以体现。

崩滑物源在后期融雪与降水共同作用下，通过各种方式补给进入泥石流运动系统（图 3-3）。流体带动物源沿沟道向下流动，所积蓄的初始势能逐渐转化为流体运动动能及克服摩擦和碰撞所消耗的内能。随着更多物源的带动，流体蓄积的势能逐渐增大，运动动能及耗能也随之变大，最终随着能量的耗散，流体系统开始停积。

（2）高海拔高位汇水增能

由于天山公路沿线区域岩体破碎（陈宁生和陈瑞，2002），岩浆作用和变质现象普遍，坡表冰碛物松散，沟域内发育大量坡面溜滑等"扒皮型"地质灾害，使得沟域清水区植被覆盖率降低，融雪与降雨作用进一步增大了泥石流沟谷的汇水能力及泥沙携裹率。

松散体在融雪与降雨的影响下慢慢达到饱和状态，清水区汇水能力增强，在后期连续高温融雪和降雨条件下能快速地形成地表径流，地表径流大量汇集后，将产生流动性强、势能较高的初始洪流。由于沟谷顶部沟道高差较大，清水区汇集的水源将拥有较高的势

增大泥石流流体质量；另一方面，溃决后大能量泥石流通过揭底、铲刮作用对沟道物源进行下蚀带动，增大泥石流流体质量。

冰碛物流体的侧蚀作用也称"沟岸侵蚀"，侧蚀的主要对象为沟岸，尤其是沟道的弯道凹岸。根据前人研究，泥石流沿弯道边界纵向流动将产生强烈的"涡旋流"，此种泥石流作用将会对弯道凹岸产生强大的掏蚀作用。泥石流不断冲刷弯道凹岸、掏蚀坡脚泥沙，进而导致沟岸坡体悬空垮塌（大于90°的截面），带动更多物源（图3-4）。泥石流的侧蚀过程就是沟道的横向拓宽过程。

影响泥石流侧蚀作用的因素主要包括泥石流的流体条件和沟床条件两个方面，其中流体类型、容重、流速、流量等特征值都会对沟道侵蚀方式和强度产生重要的影响。泥石流侵蚀作用的强弱主要取决于该段泥石流运动动能的大小。

以本章前述简支梁式冲击力为例，假设独库公路 K636 在一次致灾周期内，1000m³ 冰碛物速度在致灾周期内从 2m/s 提速到 4m/s，产生的冲击力提高至 3591kN 左右，比多次循环破坏触发的冲击力增能数倍。

溃决作用使泥石流流速、流量及运动动能增大，在这种情况下，泥石流对沟岸的"涡旋""掏蚀""切脚垮塌"作用加剧，从而使泥石流带动了更多的沟岸物源，增大了泥石流流体的质量，从而进一步增大了泥石流的运动动能。

泥石流的下蚀作用也称泥石流铲刮作用、揭底作用。其下蚀的强度取决于泥石流性质、类型、流速、流量、持流时间和沟床物质的抗冲性等。天山公路千米级泥石流沟道横向高差侵蚀下蚀演化过程就是使泥石流沟道纵向加深的过程。

根据《泥石流防治指南》，泥石流运动的剪切力 τ_c 为

$$\tau_c = \gamma_c H_c \sin\theta_b \tag{3-8}$$

泥石流运动的阻力 τ_h 为

$$\tau_h = C_v H_c (\gamma_c - \gamma_y)\cos\theta_b \tan\varphi_m + \tau_0 \tag{3-9}$$

沟床质表层土体的抗剪切强度 τ_f 为

$$\tau_f = C_v H_c (\gamma_s - \gamma_y)\cos\theta_b \tan\varphi_s \tag{3-10}$$

式中，γ_c 为泥石流流体容重；H_c 为泥石流泥深；θ_b 为泥石流运动沟道坡度（比降 $J = \tan\theta_b$）；C_v 为泥石流中土体的体积浓度；γ_y 为土体实体容重；γ_s 为泥石流中土体的容重参数；φ_m 为泥石流流体的动摩擦角；τ_0 为泥浆体静剪切强度；φ_s 为沟床质饱和土体的内摩擦角。

当泥石流的运动剪切力 τ_c 克服其阻力 τ_h 后的余值大于沟床质的抗剪强度 τ_f 时，泥石流产生下蚀揭底作用带动沟底物源（钱宁和万兆惠，1983）。

$$\tau_c - \tau_h \geqslant \tau_f \tag{3-11}$$

溃决作用后，泥石流流速增大，泥石流泥深 H_c 也相应增大。泥石流运动动能的增大使得泥石流的运动剪切力 τ_c 也增大，运动剪切力克服其阻力后的余值也增大，进而使泥石流下蚀揭底的强度和深度也增大（图3-5）。而溃决后泥石流下蚀作用所带动的沟道物源增多，使得参与泥石流运动的固体物质增多，从而增加了泥石流流体的质量，进而更进一步增加了溃决后泥石流的运动动能。

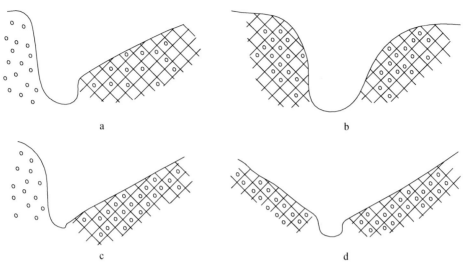

图 3-5 独库公路典型下蚀断面模型
a. K636；b. K636、K637；c. K630、K636、K637；d. K636

在 2016 年溃决的现场调研基础上发现泥石流致灾泥深为 2m（表 3-5），根据《泥石流防治指南》计算得出泥石流运动的剪切力 τ_c 为 2.75MPa 左右，泥石流运动的阻力 τ_h 为 1.001MPa 左右，而根据计算得出沟床质表层土体的抗剪切强度 τ_f 为 0.6MPa，因此 $\tau_c - \tau_h \geq \tau_f$，导致泥石流灾害，道路堵塞。

表 3-5 独库公路单次循环冲击力参数

γ_c	H_c	θ_b	C_v	γ_s	γ_y	φ_m	τ_c/MPa	τ_0/MPa
2.4	2	35	0.65	2.6	1.9	39	0.4	0.571

溃决作用后，泥石流流速增大，泥石流泥深 H_c 也相应增大。泥石流运动动能的增大使得泥石流的运动剪切力 τ_c 也增大，运动剪切力克服其阻力后的余值也增大，进而使泥石流下蚀揭底的强度和深度也增大。而溃决后泥石流下蚀作用所带动的沟道物源的增多使得参与泥石流运动的固体物质增多，从而增加了泥石流流体的质量，进而进一步增加了溃后泥石流运动动能。

在连续 4 年野外地质调查和监测的基础上，认为天山山脉地表松散冰碛物演变为泥石流的形成能量机制过程主要为：高位冰碛物流体初始势能的蓄积主要由大量高位物源和大量高位水源提供，而泥石流势能蓄积后主要通过雪水和降雨作用带动、汇集物源及水源，然后通过泥石流在沟道中的运动过程将势能逐渐转化为泥石流的运动动能，而在转化过程中，由于摩擦、碰撞和铲刮等作用将产生能量的损耗。因此，泥石流的运动过程实质是能量的转化与耗损过程，而泥石流转化的动能与可供耗损的能量都由初始势能所提供。

第4章 基于地貌信息熵的天山公路泥石流危险评估

4.1 天山冰川泥石流的千米级几何特征研究

地形参数不仅对泥石流的形成有重要作用，而且其相互之间也有一定关联性。通常面积较小的流域，沟谷正处于地貌发育的初级或旺盛阶段，沟道长度较短，但流水侵蚀作用强烈，地形陡峻，沟床比降和山坡坡度均较大（王新欣，2008；陈剑平和李会中，2016）；较大的山坡坡度为松散碎屑物质向沟内汇集提供了良好的条件；而沟床比降大则使聚集在沟道内的固体物质更易在暴雨径流的作用下形成泥石流。

泥石流沟谷的高差与流域面积大小关系密切，流域面积大小大体能反映出泥石流发育的阶段性，也是评判泥石流活动强度的一个标志。一般来说，千米级或者小型泥石流多数形成于流域面积较小的沟谷内，较小的集水区面积有利于泥石流的形成与活动。随着流域面积的增加，沟谷发育逐渐成熟，沟床比降和相对切割程度也随之降低，沟道长度的增加使固体物质的搬运距离增大，搬运距离达到万米级，这些变化均不利于泥石流的发生，泥石流的活动将逐渐衰退，甚至趋于停止。因此，在一定范围内，较小的流域面积有利于泥石流的形成。

以 G217 沿线的 K630、K636、K637 泥石流主沟沿线的高程变化、高差、坡降和阶地特征为研究对象（图4-1），为使得泥石流主沟的高程几何特征更加精细，把3条主沟细分成 18~19 个区块，然后表 4-1~表 4-3 分别显示了 3 条主沟的高程信息，可以看出这 3 条主沟从物源到路面的高差分别为 1570m（K630）、1543m（K636）和 1396m（K637）；平均宽度分别为 1242m（K630）、1074m（K636）和 837m（K637）；冰雪汇水面积分别为 2.45km^2（K630）、4.24km^2（K636）和 5.16km^2（K637）；平均坡降分别为 0.54（K630）、0.56（K636）和 0.39（K637）。

由表 4-1~表 4-3 可以看出独库公路 3 条典型冰川泥石流的形成区、流通区和致灾区的海拔、距离、面积和坡降等几何特征，K636 第一号区域平均坡降达到 1.09，但是通过现场调研和遥感分析，该冰川泥石流沟局部最大坡降能达到 1.7，即使在整条泥石流沟平均坡降为 0.58 的条件下，这么大的坡降在国内外的研究中也实属少见，如果出现局部单次循环溃决淤积，极易堆高成为堰塞湖等，是冰川泥石流致灾的重大危险源。

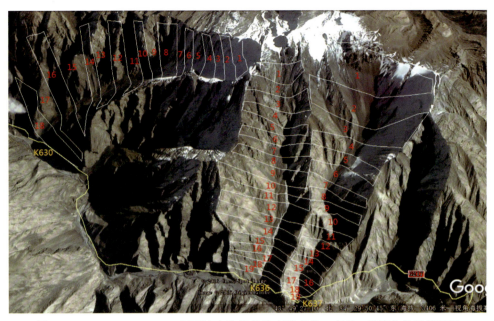

图 4-1 　K630、K636、K637 泥石流主沟沿线的高程变化、高差、坡降和阶地特征图

表 4-1 　K630 沟谷冰川泥石流几何特征

编号	沟谷最低处海拔/m	沟谷左侧最高处海拔/m	沟谷右侧最高处海拔/m	最低处到左侧距离/m	最低处到右侧距离/m	沟谷两侧山峰距离/m	面积/m²	累计面积/m²	坡降
1	3948	4035	4026	476	358	812	65757	65757	0.86
2	3809	3959	3863	441	385	800	83004	148761	0.86
3	3710	3898	3793	400	439	813	85256	234017	0.59
4	3652	3851	3668	451	379	738	88266	322283	0.38
5	3561	3807	3597	534	215	666	128623	450906	0.41
6	3472	3778	3506	613	254	780	113123	564029	0.65
7	3382	3759	3416	795	177	856	99892	663921	0.65
8	3246	3730	3288	915	194	919	232859	896780	0.54
9	3157	3717	3222	941	208	952	237998	1134778	0.51
10	3072	3649	3214	992	373	1218	326247	1461025	0.53
11	2977	3572	3150	1077	415	1253	155551	1616576	0.43
12	2859	3522	3043	1223	462	1437	142905	1759480	0.43
13	2754	3485	2992	1513	474	1765	166851	1926332	0.37
14	2695	3485	2843	1750	663	2115	163244	2089576	0.32
15	2544	3493	2759	1855	645	2203	172767	2262343	0.51
16	2378	3571	2528	2301	683	2550	189398	2451740	0.53
							总面积 2.45km²		平均坡降 0.54

表 4-2 K636 沟谷冰川泥石流几何特征

编号	沟谷最低处海拔/m	沟谷左侧最高处海拔/m	沟谷右侧最高处海拔/m	最低处到左侧距离/m	最低处到右侧距离/m	沟谷两侧山峰距离/m	面积/m²	累计面积/m²	坡降
1	3899	4155	4066	560	348	778	207744	207744	1.09
2	3771	4003	3901	778	238	932	205300	413044	0.88
3	3617	3875	3747	824	255	1012	254263	667307	0.73
4	3475	3781	3660	793	296	995	185960	853267	0.66
5	3409	3740	3563	791	326	1010	251286	1104553	0.62
6	3335	3683	3489	805	396	1094	193197	1297750	0.52
7	3238	3624	3382	839	408	1108	220660	1518410	0.57
8	3152	3603	3253	901	433	1191	241526	1759936	0.46
9	3030	3576	3126	1135	397	1371	349711	2109646	0.49
10	2978	3449	3047	1038	481	1397	279212	2388858	0.40
11	2908	3356	3010	1171	334	1354	232720	2621579	0.52
12	2782	3220	2915	1113	338	1330	347053	2968631	0.47
13	2759	3064	2812	1070	349	1317	275013	3243645	0.46
14	2686	2898	2730	803	326	1043	275733	3519377	0.35
15	2611	2839	2648	760	261	946	187947	3707324	0.53
16	2557	2805	2602	739	264	894	165428	3872752	0.41
17	2477	2771	2554	731	290	884	118472	3991223	0.63
18	2394	2698	2498	717	264	867	140267	4131491	0.41
19	2356	2625	2468	669	328	889	107091	4238582	0.50
							总面积 4.24km²		平均坡降 0.56

表 4-3 K637 沟谷冰川泥石流几何特征

编号	沟谷最低处海拔/m	沟谷左侧最高处海拔/m	沟谷右侧最高处海拔/m	最低处到左侧距离/m	最低处到右侧距离/m	沟谷两侧山峰距离/m	面积/m²	累计面积/m²	坡降
1	3704	4015	4054	1107	848	1827	1128053	1128053	0.60
2	3456	3789	3883	1009	867	1712	883651	2011704	0.53
3	3356	3605	3621	831	601	1296	581502	2593206	0.40
4	3279	3491	3490	704	355	1090	387371	2980577	0.35
5	3208	3365	3415	600	519	990	290196	3270773	0.34
6	3087	3266	3296	435	610	949	299079	3569852	0.39
7	3037	3145	3213	312	665	913	166889	3736741	0.39

编号	沟谷最低处海拔/m	沟谷左侧最高处海拔/m	沟谷右侧最高处海拔/m	最低处到左侧距离/m	最低处到右侧距离/m	沟谷两侧山峰距离/m	面积/m²	累计面积/m²	坡降
8	2984	3053	3125	284	593	814	176479	3913221	0.27
9	2938	3003	3058	398	398	716	142989	4056210	0.21
10	2792	2931	2918	508	243	758	215293	4271503	0.53
11	2685	2828	2838	357	373	643	182648	4454151	0.43
12	2628	2770	2746	366	297	590	133805	4587956	0.34
13	2571	2687	2683	374	259	551	112896	4700852	0.43
14	2508	2638	2635	342	302	565	99051	4799903	0.44
15	2456	2575	2549	303	324	567	104735	4904638	0.31
16	2433	2552	2491	347	249	562	71294	4975932	0.21
17	2392	2500	2456	341	219	508	63157	5039088	0.45
18	2332	2450	2394	299	196	463	74168	5113257	0.47
19	2308	2410	2350	287	159	400	44950	5158207	0.26
							总面积 5.16km²		平均坡降 0.39

流域沟床比降和发育程度均与流域面积存在线性相关性，变化趋势一致，而且流域面积越大，泥石流形成区面积占流域总面积的比例就越小，形成区是泥石流形成所需松散固体物质的主要来源区。流域面积越大，流域内主要物源补给区所占比例就越小，在流域面积较大的沟谷内，松散固体物质的补给也往往较为集中，加之一次补给量有限，在水源丰富的情况下，即使在支沟或中上游某区段形成泥石流，也可能被稀释转化成洪水。

由图 4-2 可知，流域面积和沟床比降是极其重要的地形参数，对比 K630、K636、K637 3 条泥石流沟，3 条沟谷的汇水面积从高海拔到 G217 路面差异比较大，K636 平均宽度为 1074m，该沟宽度相比于 K630 和 K637 变化幅度小，总体相对均匀，呈现出最高海拔和最低海拔两端宽度相对较小、中间宽度相对较大的形态，冰雪汇水面积为 4.24km²，在 3 条千米级高差的泥石流沟中汇水面积最小，加上 K636 的搬运距离较长，该沟沟底及两侧的颗粒粒径相对较小（以 15～20cm 居多），经常出现堵沟现象。

K636 的堵沟主要有两个方面的因素：一方面来自沟床两侧崩塌和风化坡积物的下滑，另一方面是夏季冰雪融水和降雨形成的小股泥石流因动力不足停积在沟内的堆积物，下滑岩土体沿途铲刮、碰撞、剥离解体形成泥石流或下滑进入主沟道，在泥石流沟的水动力还未满足要求前，形成侧蚀堆积扇并堵沟。来年天气转暖后，积雪、冰川融水和降水大部分渗入冰硬物和堵塞的固体物之中，这一浸润过程可视为泥石流暴发的前期孕育过程。

随着海拔的降低，K636 汇水面积相对增大，因为沟谷走向朝北，冰川末端表面很大一部分处于阴面，阳光辐射时间相对较短，所以主要水源还是冰川末端融化雪水和低海拔夏季降雨。

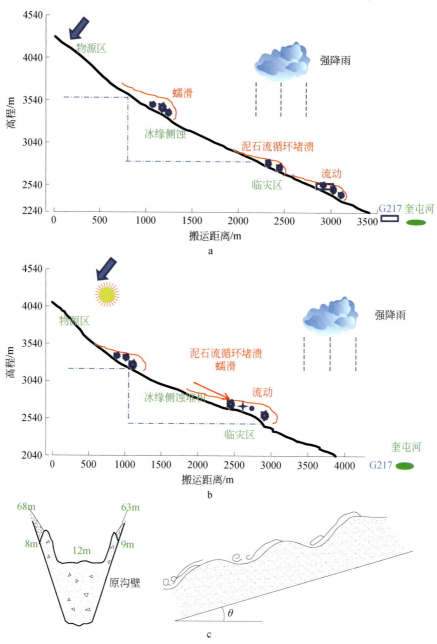

图 4-2　天山公路典型冰川泥石流溃滑淤积机制

a. K636 泥石流沟剖面图；b. K637 泥石流沟剖面图；c. 纵横断面

　　由表 4-3 和图 4-2 可以看出，K637 汇水面积为 5.16km²，其中高海拔第一（H：4015m）～第四块区域（H：3491m）累计汇水面积达 2.98km²，剩余 14 块区域面积为2.18km²（仅占 42%），其中 K637 第一块区域的最低海拔为 3704m，因为海拔 3400～3900m 为冰川末端渐变带，夏季高温融雪量较大，所以 K637 的汇水面积和水动力条件相对较好，根据调研发现，该沟发生侧蚀掏空或堵沟的概率比 K636 低很多，沟底堆积物颗粒粒径也基本在 30cm 以上。

　　在地质和雪水动力条件大致相同的情况下，影响泥石流暴发的另一个重要高差因素是山坡坡度。经调查统计天山泥石流沟内的坡度分级，并对比滑坡型泥石流的发生，25°~45°是天山泥石流沟沟谷山坡所占比例最高，也是最有利于滑坡发育的坡度范围。冰川泥石流沟谷的沟岸坡度一般都比较大（表 4-4），根据现场调查，大部分沟岸坡度超过 40°，超过 90°主要是由于土石混合体在堆积过程中产生一定的胶结，后续水石流冲积过程岸坡从流面先垮塌。冰川泥石流发生时，随着侧蚀作用的加剧，掏蚀坡脚沟岸崩滑继续进行，一方面增加松散固体物质，另一方面拓宽泥石流沟，同时泥石流的下蚀作用也很强烈。

表 4-4　天山公路冰川泥石流危险性划分标准

H_g	发育阶段	特征	泥石流危险性
$H_g \leq 0.11$	幼年期	坡面陡峻，以凸形坡为主，侵蚀强烈，冰川覆盖率较高	极高
$0.11 < H_g \leq 0.20$	壮年偏幼年期	坡面开始变缓且向凹形转变，侵蚀作用开始减弱，冰川覆盖率高	高
$0.20 < H_g \leq 0.30$	壮年期	坡形进一步转化为凹形，侵蚀明显减弱，冰川覆盖率中等	中等
$0.30 < H_g \leq 0.40$	壮年偏老年期	坡形转变为凹形，地表起伏较小，侵蚀缓和，冰川覆盖率低	低
$H_g > 0.40$	老年期	以平原、残丘为主，侵蚀微弱，冰川覆盖率极低	极低

　　根据地貌侵蚀循环理论得出区域内冰川型泥石流沟大多处于壮年期发育阶段，冰川侵蚀作用强烈，流域面积相对降雨型沟谷发育较大（图 4-3），并且流域形状多呈漏斗形或树叶形（图 4-4），这有利于雨水的汇流及松散固体物质的汇集。

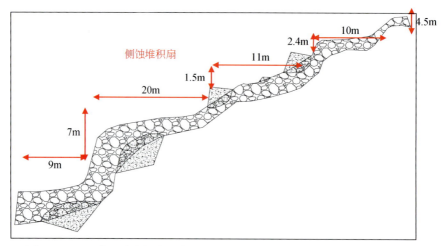

图 4-3　K636 典型冰碛物堵沟台阶剖面及侧蚀堆积扇（$H = 2800\mathrm{m}$，2017.7.2）

a　　　　　　　　　　　　　　　　　　　　　b

图 4-4　冰川泥石流沟流域形态

a. K636（芭蕉叶形）；b. K637（漏斗形）

冰川侵蚀作用造成的沟谷纵剖面大多呈凹形（图 4-4）。凹形纵剖面沟床发育历史长、汇流面积大，沟岸边坡坡度一般都在 30°以上，古冰川沉积物容易崩塌，堵塞沟床，现代雪崩、冰崩和岩崩异常活跃，泥石流形成条件最充分（邓养鑫，1980）。

1）两类沟谷的横剖面特征呈不同的形状。第一类沟道横剖面大多呈 V 字形；第二类沟谷的冰川在运动时如推土机，侵蚀作用致使沟道平整顺直，横剖面多呈 U 字形（图 4-2）。

2）两类冰川泥石流沟沟道堵塞程度也不同。第一类多呈 V 形，容易堵塞；第二类为

U 形槽谷，沟道宽，堵塞较难，这为以后的泥石流流量计算奠定了基础，并且，对于第二类冰川泥石流沟，鉴于其已发育至沟口，冰川地形改变，可能不存在明显的出山口，出于对工程造价的考虑，在出山口前的流通段用桥梁跨越的方式不一定合适，这为之后的泥石流防治工程提供了有力帮助，因此，在进行道路选线设计时要给予重视。

高海拔区域泥石流发生较活跃的沟谷内基本上都发育有冰斗冰川或悬冰川，而山谷冰川发育得较少，这是因为首先发育山谷冰川的泥石流沟的流域面积都很大，主沟道长度较长，基本上接近山区河流，主沟全面发生泥石流的可能性较小。其次，山谷冰川发育的面积较大，冰川运动时，冰蚀作用强烈，使这些沟道多呈 U 形槽谷，且冰川也已发育到主河。槽宽，沟道堵塞较难；槽底平缓，沟床比降小，在水源充足的条件下不容易暴发泥石流；冰川面积越大，冰舌下伸的海拔也就越低，这样能为冰雪融水所作用的基岩坡地的面积减小，冰川受到太阳辐射后，其消融能力减弱，消融水流就会始终在沟谷中穿行，下渗或者蒸发掉，况且局部大面积沟床比降往往很小，即使固体物质充足，但水源不足，地势不利，也较难引起泥石流发生。

千米级搬运距离与高差的冰川泥石流相比于万米级冰川泥石流的致灾频率和危害都高。这是因为虽然千米级单一冰斗冰川或悬冰川的融水量比不上山谷冰川，但它们的消融速度快，地势条件好，沟床比降大，很容易汇集水流，在沟道布满松散物质时，泥石流暴发的可能性很大；山谷冰川面积大，融化慢，主沟又长，下渗及蒸发多，沟道较缓，即使松散固体物质充足，但没有足够的水动力条件，也是很难触发泥石流的。

4.2　地貌信息熵理论修正与应用

地貌条件是泥石流形成的三大条件之一，是泥石流发生的背景条件和势能条件，它决定了泥石流沟的发育程度，在分析完千米级冰川泥石流的大落差和搬运距离的背景条件下，结合其致灾能量机制，本节拟结合地貌信息熵理论开展天山公路沿线的危险性评估（图 4-5）。

最早基于戴维斯地貌循环理论，根据斯特拉勒曲线和积分，结合信息熵理论，流域系统地貌信息熵理论被提出。该理论是判断地貌演化发育程度的重要量化指标之一，是将热力学中的信息熵类比到地貌学中的概念，艾南山于 1987 年基于戴维斯地貌循环理论，根据斯特拉勒曲线和积分，结合信息熵理论，提出了流域系统地貌信息熵理论，其数学表达式为

$$H = S - \ln S - 1 = \int_0^1 f(x)\,dx - 1 - \ln\left[\int_0^1 f(x)\,dx\right] \qquad (4-1)$$

式中，H 为地貌信息熵值；S 为 Strahler 面积–高程积分值；$f(x)$ 为 Strahler 面积–高程积分曲线的拟合函数 [设 a 为流域内某条等高线以上的面积，A 为流域面积，Δh 为该等高线与流域最低点的高差，流域最高点与最低点高差为 H；以 $x = a/A$ 为横坐标，$y = \Delta h/H$ 为纵坐标，进而拟合得到 $f(x)$]。

艾南山提出的地貌信息熵理论，在发育于传统地貌的泥石流灾害评价中得到了较好的应用和验证，但这一理论在冰川地貌中的应用还值得进一步讨论。

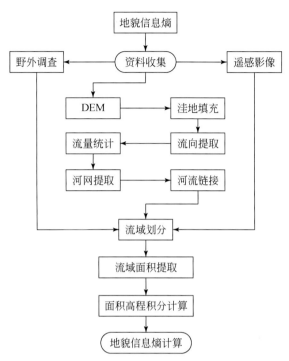

图 4-5　基于地貌信息熵的天山公路泥石流危险评估技术路线

冰川地貌具有其特殊性——冰川覆盖、物源丰富。从热力学角度出发，冰川消融是一个熵增的过程，在夏季高温条件下，增加了整个流域系统的不稳定性，加强了冰川泥石流暴发的概率。从地貌发育角度出发，对于冰川覆盖区域，当冰川覆盖率在某个值以下时，冰川泥石流的危险性与冰川覆盖率呈正相关关系（地貌信息熵值与冰川覆盖率为负相关关系），即冰川覆盖率越高，物源条件和水动力条件越充足，泥石流危险性越高。

超过这个极值点后，冰川大面积覆盖，冰川消融提供的水动力和物源作用对泥石流影响较小，大面积的冰川反而对流域地貌的演化起到保护作用，冰川覆盖下的地层较为稳定，外营力作用微弱。因此，冰川覆盖率及冰川对泥石流灾害促进作用的大小，两者关系为抛物线形式。但对于绝大多数冰川覆盖区域来说，冰川覆盖率均较低，远达不到极值，根据蓝永超等（2007）、都伟冰（2014）的研究，天山合计的冰川覆盖率为 3.4%，因此可以推断，在研究区内，冰川覆盖率和冰川泥石流的危险性为正相关关系。

根据艾南山提出的判断流域地貌系统侵蚀发育程度的标准，结合研究区特殊的孕灾环境，在原有信息熵的基础上，增加修正系数 G，G 为流域内非冰川覆盖率，提出修正后的冰川条件下地貌信息熵公式：

$$G = 1 - i \tag{4-2}$$

$$H_g = HG \tag{4-3}$$

式中，i 为冰川面积与流域面积的比值。

根据艾南山提出的判断流域地貌系统侵蚀发育程度的标准，结合研究区特殊的孕灾环境，参考（王晓朋，2004）的划分标准，对流域的发育阶段进行细分（表4-4）。

　　基于斯特拉勒积分对戴维斯模型的量化，艾南山根据地貌信息熵值，结合天山独库公路的特点，将流域发展划分为 5 个阶段。

4.3　基于地貌信息熵的河网水力分析与危险评估

4.3.1　水系特征分析

　　本节基于天山泥石流沟 GDEM 30m 分辨率文件，采用 ArcGIS 10.2 平台中的水文分析模块对天山泥石流沟进行子流域的划分。

　　通过掩膜提取得到天山泥石流沟的 DEM 文件，DEM 可以对比较光滑的地形表面进行模拟，但是 DEM 产生的误差及一些真实地形的存在，使得 DEM 表面存在着一些凹陷的区域。在进行水流方向计算时，这些区域的存在会对流向分析产生影响，使得到的水流方向不合理。所以在下一步处理前，应首先进行填洼操作。

　　对 DEM 文件依次进行洼地填充后，在无洼地 DEM 文件的基础上进行水流方向的提取。ArcGIS 采用 D8 算法计算水流方向，用数值表示每个单元的流向。数字变化范围是1~255。其中 1：东；2：东南；4：南；8：西南；16：西；32：西北；64：北；128：东北（图4-6）。除上述数值之外的其他值代表流向不确定。

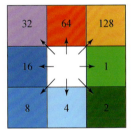

图 4-6　水流方向编码

　　流量统计数据是基于得到的流向数据计算得到的（图4-7）。流量工具基于 DEM 文

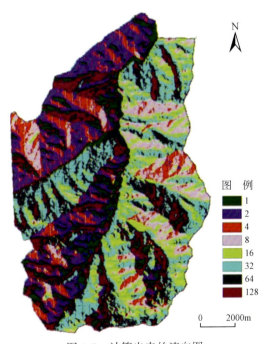

图 4-7　计算出来的流向图

件，默认每个像元的权重为 1，按照水流自高向低流的原则，根据流向数据，得到各个像元的像元数，从而得到该区域的汇流累积流量。由水流方向数据得到流量数据的过程如图 4-8 所示，流量计算结果如图 4-9 所示，流量最大处为最低处，图中最明显处分别为 G217 和奎屯河流经的区域。

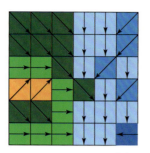

图 4-8　汇流流量计算

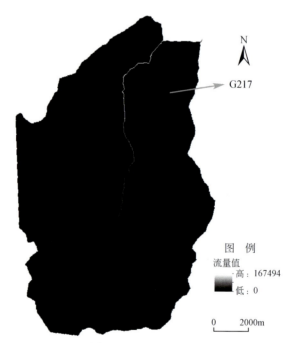

图 4-9　流量计算结果

　　完成流量计算后，进行河网的提取。在流量达到一定值时，就会形成地表水流，设置一定的阈值，使得流量大于该值时，该栅格就是河流的路径，最后由这些水流路径构成河网。阈值不同，形成的河网也不同，因此，要生成与现实较为接近的河网，集水阈值的设定十分关键。

　　山谷最低处为 G217 国道和奎屯河，为了使生成的河网与实际泥石流沟谷的发布更为接近，此处沿 G217 国道将图件切割为两部分，分别进行河网分析，最后再拼接起来。研究过程中，依次设定阈值为 1000、1200、1300、1400、1500、1700、1800，对比最后生成的河网，阈值为 1400 时河网分布最接近实际情况（图 4-10）。

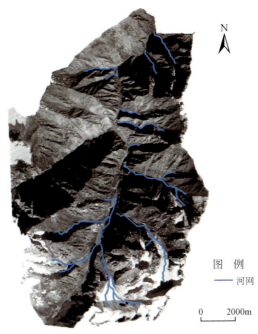

图 4-10　河网（阈值为 1400）

根据流量数据和流向数据，使用水文分析中的河流链接进行操作。河流链接（图 4-11）包含每一个河网的起始点和终止点，可以得到汇水区域的出水点，即各泥石流沟的出口。确定好出水口后，为进一步流域划分做好准备（黄双等，2012）。

图 4-11　河流链接

流域即集水区域。在小流域分析中，需要对流域进行分割，结合上面的河流链接数据，我们可以确定小级别流域的出水口位置。使用水文分析中的分水岭工具，输入流向数据和河流链接数据，输出得到子流域划分的结果。

本章基于研究区 ASTER GDEM 30m 分辨率的 DEM 文件，采用 ArcGIS 10.2 平台中的水文分析模块对研究区进行子流域划分，对原始 DEM 裁剪得到研究区 DEM 文件后，对 DEM 文件依次进行洼地填充、流向分析、汇流累积量统计、水流长度计算、河网提取和子流域划分。设定集水阈值为定义河流临界流量值。在提取河网过程中，集水阈值的设定对最后子流域的划分十分关键。研究过程中，设定阈值为 1400 时河网分布最接近实际情况。结合现场情况和子流域划分结果，最终在 G217 沿线提取出 13 条泥石流沟（图 4-12）。

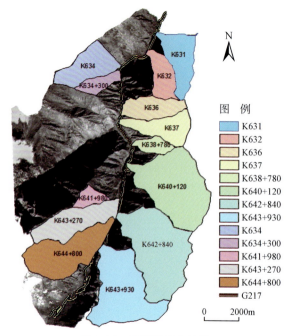

图 4-12　子流域划分结果

4.3.2　地貌信息熵危险性评估

天山泥石流沟重灾区的高程范围为 1958～4551m，在子流域划分结果的基础上，以 100m 为间距划分等高线，将子流域的 DEM 文件以 100m 为间距进行重分类后，按各个子流域进行裁剪，将得到的栅格文件转为面文件，统计子流域各个高程段的面积，最后导出结果，各流域高程、面积数据见表 4-5。

统计子流域各个高程段的面积后，在 EXCEL 中对数据进行处理，得到各条泥石流沟的 Strahler 面积–高程散点数据（表 4-6），在 EXCEL 中对数据进行拟合（选用 3 次多项式拟合效果较好），最后导出结果。通过处理得到各条泥石流沟的 Strahler 面积–高程积分曲线（图 4-13）和拟合公式，进而计算得到 Strahler 面积–高程积分值 S 和地貌信息熵值 H。

表 4-5　各流域高程面积数据统计

数据统计

流域编号	项目												
K631	序号	1	2	3	4	5	6	7	8	9	10	11	12
	高程/m	2052~2100	2100~2200	2200~2300	2300~2400	2400~2500	2500~2600	2600~2700	2700~2800	2800~2900	2900~3000	3000~3100	3100~3200
	面积/m²	4945184	4943384	4914707	4850818	4736362	4636073	4521013	4347684	4032098	3694612	3377833	2912321
	序号	13	14	15	16	17	18	19	20	21	22	23	24
	高程/m	3200~3300	3300~3400	3400~3500	3500~3600	3600~3700	3700~3800	3800~3900	3900~4000	4000~4100	4100~4200	4200~4300	4300~4400
	面积/m²	2550446	2187506	1835360	1477559	1182404	884364.6	685038.6	512673.6	343786.9	229782.2	144864.2	74524.09
	最大高程差/m	2350											
	流域面积/m²	4945184.118											
K632	序号	1	2	3	4	5	6	7	8	9	10	11	12
	高程/m	2073~2100	2100~2200	2200~2300	2300~2400	2400~2500	2500~2600	2600~2700	2700~2800	2800~2900	2900~3000	3000~3100	3100~3200
	面积/m²	3329270	3310324	3275259	3209271	3141947	3078723	2944565	2773738	2535497	2327084	2120252	1791433
	序号	13	14	15	16	17	18	19	20	21	22	23	
	高程/m	3200~3300	3300~3400	3400~3500	3500~3600	3600~3700	3700~3800	3800~3900	3900~4000	4000~4100	4100~4200	4200~4300	4300~4400
	面积/m²	1521480	1276860	1019207	814129.6	622224.9	428002.9	290872.8	215680.8	135619	90040.52	25849.57	
	最大高程差/m	2224											
	流域面积/m²	3329269.952											
K636	序号	1	2	3	4	5	6	7	8	9	10	11	12
	高程/m	2230~2300	2300~2400	2400~2500	2500~2600	2600~2700	2700~2800	2800~2900	2900~3000	3000~3100	3100~3200	3200~3300	3300~3400
	面积/m²	3932860	3902018	3824408	3734335	3648818	3527696	3397516	3255258	3050786	2862304	2635184	2429153
	序号	13	14	15	16	17	18	19	20	21	22	23	
	高程/m	3400~3500	3500~3600	3600~3700	3700~3800	3800~3900	3900~4000	4000~4100	4100~4200	4200~4300	4300~4400	4400~4500	
	面积/m²	2176009	1905572	1654729	1363905	1115125	872358.2	644817.6	453032.3	293150.4	139907.7	41981.67	
	最大高程差/m	2255											
	流域面积/m²	3932860.498											

续表

数据统计

流域编号		1	2	3	4	5	6	7	8	9	10	11	12
K637	序号	1	2	3	4	5	6	7	8	9	10	11	12
	高程/m	2232~2300	2300~2400	2400~2500	2500~2600	2600~2700	2700~2800	2800~2900	2900~3000	3000~3100	3100~3200	3200~3300	3300~3400
	面积/m²	4565802.2	4554903.2	4399547.2	4242948.3	3999512.5	3694148.1	3425849.2	3154940.9	2884401.4	2536998.4	2240207	1939591.7
	序号	13	14	15	16	17	18	19	20	21	22	23	
	高程/m	3400~3500	3500~3600	3600~3700	3700~3800	3800~3900	3900~4000	4000~4100	4100~4200	4200~4300	4300~4400	4400~4500	
	面积/m²	1674105.4	1420953	1195821.7	985319.01	816701.11	616831.63	495193.12	335571.89	222379.44	101120.44	33975.856	
	最大高程差/m	2205											
	流域面积/m²	4565802.233											
K638 +780	序号	1	2	3	4	5	6	7	8	9	10	11	12
	高程/m	2347~2400	2400~2500	2500~2600	2600~2700	2700~2800	2800~2900	2900~3000	3000~3100	3100~3200	3200~3300	3300~3400	3400~3500
	面积/m²	1645810	1633716	1603814	1557936	1503707	1427229	1318566	1152437	990917.2	837976.1	696402.8	559195.5
	序号	13	14	15	16	17	18	19					
	高程/m	3500~3600	3600~3700	3700~3800	3800~3900	3900~4000	4000~4100	4100~4200					
	面积/m²	433195.5	320225.4	190558	118322.1	52373.93	21762.27	5513.36					
	最大高程差/m	1817											
	流域面积/m²	1645809.533											
K640 +120	序号	1	2	3	4	5	6	7	8	9	10	11	12
	高程/m	2361~2400	2400~2500	2500~2600	2600~2700	2700~2800	2800~2900	2900~3000	3000~3100	3100~3200	3200~3300	3300~3400	3400~3500
	面积/m²	13776614	13755131	13681997	13521431	13303249	13048750	12490984	11606358	10590190	9407322	8167843	6995818
	序号	13	14	15	16	17	18	19	20	21	22	23	
	高程/m	3500~3600	3600~3700	3700~3800	3800~3900	3900~4000	4000~4100	4100~4200	4200~4300	4300~4400	4400~4500	4500~4600	
	面积/m²	5794448	4596564	3557130	2689870	1933525	1353499	838150.4	366038.6	1211575.8	50318.59	10387.5	
	最大高程差/m	2190											
	流域面积/m²	13776614.33											

续表

数据统计

K642+840

序号	1	2	3	4	5	6	7	8	9	10	11	12
高程/m	2573~2600	2600~2700	2700~2800	2800~2900	2900~3000	3000~3100	3100~3200	3200~3300	3300~3400	3400~3500	3500~3600	3600~3700
面积/m²	14894440	14872537	14473649	13345331	12115194	10498867	8682389	6739125	5487761	4604937	3786729	2901871
序号	13	14	15	16	17	18	19					
高程/m	3700~3800	3800~3900	3900~4000	4000~4100	4100~4200	4200~4300	4300~4400					
面积/m²	1837647	1285826	384341	244364.3	193552.3	76429.49	11921.98					
最大高程差/m	1813											
流域面积/m²	14894440											

K643+930

序号	1	2	3	4	5	6	7	8	9	10	11	12
高程/m	2736~2800	2800~2900	2900~3000	3000~3100	3100~3200	3200~3300	3300~3400	3400~3500	3500~3600	3600~3700	3700~3800	3800~3900
面积/m²	12445647	12442633	12258175	11344468	10127082	8573207	6733892	4445761	2360060	1761111	1366488	986802.7
序号	13	14	15	16	17							
高程/m	3900~4000	4000~4100	4100~4200	4200~4300	4300~4400							
面积/m²	539406.8	298264.7	199367.9	93771.36	26612.73							
最大高程差/m	1624											
流域面积/m²	12445646.64											

K634

序号	1	2	3	4	5	6	7	8	9	10	11	12
高程/m	2138~2200	2200~2300	2300~2400	2400~2500	2500~2600	2600~2700	2700~2800	2800~2900	2900~3000	3000~3100	3100~3200	3200~3300
面积/m²	5223127	5186095	5079575	4911357	4721448	4474439	4193184	3920600	3601299	3253843	2845186	2370545
序号	13	14	15	16	17	18	19	20	21			
高程/m	3300~3400	3400~3500	3500~3600	3600~3700	3700~3800	3800~3900	3900~4000	4000~4100	4100~4200			
面积/m²	1937862	1473655	1042234	714337	485075.3	320369.2	177595.1	78976.89	21032.27			
最大高程差/m	2042											
流域面积/m²	5223127.06											

续表

数据统计

K634+300

序号	1	2	3	4	5	6	7	8	9	10	11	12
高程/m	2141~2200	2200~2300	2300~2400	2400~2500	2500~2600	2600~2700	2700~2800	2800~2900	2900~3000	3000~3100	3100~3200	3200~3300
面积/m²	1804667.7	1751943.6	1654196.6	1566418.8	1464132	1341621.7	1226673.7	1089963	946404.82	787353.55	615991.36	444457.47

序号	13	14	15	16
高程/m	3300~3400	3400~3500	3500~3600	3600~3700
面积/m²	257241.37	104995.46	31699.026	2366.4249

最大高程差/m：1491

流域面积/m²：1804667.668

K641+980

序号	1	2	3	4	5	6	7	8	9	10	11	12
高程/m	2458~2500	2500~2600	2600~2700	2700~2800	2800~2900	2900~3000	3000~3100	3100~3200	3200~3300	3300~3400	3400~3500	3500~3600
面积/m²	1459699.3	1456137	1451920.8	1448320.8	1438831.4	1411577.8	1350152	1253442	1116806.2	955943.77	781951.9	579067.95

序号	13	14	15	16
高程/m	3600~3700	3700~3800	3800~3900	3900~4000
面积/m²	350621.69	137880.44	25268.119	4016.0266

最大高程差/m：1473

流域面积/m²：1459699.315

K643+270

序号	1	2	3	4	5	6	7	8	9	10	11	12
高程/m	2458~2500	2500~2600	2600~2700	2700~2800	2800~2900	2900~3000	3000~3100	3100~3200	3200~3300	3300~3400	3400~3500	3500~3600
面积/m²	6448193	6323818	5979021	5792233	5633327	5420032	5147331	4894812	4573222	4248070	3859335	3397984

序号	13	14	15	16	17	18	19	20	21
高程/m	3600~3700	3700~3800	3800~3900	3900~4000	4000~4100	4100~4200	4200~4300	4300~4400	4400~4500
面积/m²	2928353	2350946	1662666	1173141	705822.3	295051.9	90484.5	30984.48	3600

最大高程差/m：1961

流域面积/m²：6448193.05

续表

流域编号		1	2	3	4	5	6	7	8	9	10	11	12
K644+800	序号	1	2	3	4	5	6	7	8	9	10	11	12
	高程/m	2555~2600	2600~2700	2700~2800	2800~2900	2900~3000	3000~3100	3100~3200	3200~3300	3300~3400	3400~3500	3500~3600	3600~3700
	面积/m²	9224623	9190752	8741431	8284307	7861909	7368651	7018910	6659630	6212508	5728463	5145991	4224788
	序号	13	14	15	16	17	18	19	20				
	高程/m	3700~3800	3800~3900	3900~4000	4000~4100	4100~4200	4200~4300	4300~4400	4400~4500				
	面积/m²	3310631	2230393	1436987	858412.6	401891.9	195413.9	100953.8	9953.781				
数据统计	最大高程差/m	1874											
	流域面积/m²	9224622.65											

表 4-6　Strahler 面积-高程散点数据

流域编号	K631		K632		K636		K637		K638+780		K640+120		K642+840	
	x	y	x	y	x	y	x	y	x	y	x	y	x	y
Strahler 面积-高程散点值	1	0	1	0	1	0	1	0	1	0	1	0	1	0
	0.996328	0.024013	0.994309	0.01214	0.992158	0.031042	0.997613	0.030839	0.992652	0.029169	0.998441	0.017808	0.998529	0.014892
	0.947619	0.077375	0.983777	0.057104	0.972424	0.075388	0.963587	0.07619	0.974483	0.084205	0.993132	0.06347	0.971748	0.07005
	0.898065	0.130736	0.963956	0.102068	0.949521	0.119734	0.929289	0.121542	0.946608	0.139241	0.981477	0.109132	0.895994	0.125207
	0.852274	0.184098	0.943735	0.147032	0.927777	0.16408	0.875971	0.166893	0.913658	0.194276	0.96564	0.154795	0.813404	0.180364
	0.798802	0.23746	0.924744	0.191996	0.89698	0.208426	0.809091	0.212245	0.86719	0.249312	0.947167	0.200457	0.704885	0.235521
	0.760889	0.290822	0.884448	0.23696	0.863879	0.252772	0.750328	0.257596	0.801166	0.304348	0.90668	0.246119	0.582928	0.290678
	0.721941	0.344184	0.833137	0.281924	0.827707	0.297118	0.690994	0.302948	0.700225	0.359384	0.842468	0.291781	0.452459	0.345836
	0.67347	0.397545	0.761578	0.326888	0.775717	0.341463	0.63174	0.348299	0.602085	0.414419	0.768708	0.337443	0.368444	0.400993
	0.620997	0.450907	0.698977	0.371853	0.727792	0.385809	0.555652	0.393651	0.509157	0.469455	0.682847	0.383105	0.309172	0.45615
	0.557854	0.504269	0.636852	0.416817	0.670043	0.430155	0.490649	0.439002	0.423137	0.524491	0.592877	0.428767	0.254238	0.511307

续表

流域编号	K631		K632		K636		K637		K638+780		K640+120		K642+840	
	x	y	x	y	x	y	x	y	x	y	x	y	x	y
Strahler														
面积-高程散点值	0.45799	0.557631	0.538086	0.461781	0.617656	0.474501	0.424809	0.484354	0.339769	0.579527	0.507804	0.474429	0.194829	0.566464
	0.358891	0.610993	0.457001	0.506745	0.553289	0.518847	0.366662	0.529705	0.263211	0.634562	0.4206	0.520091	0.123378	0.621622
	0.241787	0.664354	0.383525	0.551709	0.484526	0.563193	0.311217	0.575057	0.19457	0.689598	0.33365	0.565753	0.086329	0.676779
	0.155777	0.717716	0.306135	0.596673	0.420744	0.607539	0.261908	0.620408	0.115784	0.744634	0.258201	0.611416	0.025804	0.731936
	0.093057	0.771078	0.244537	0.641637	0.346797	0.651885	0.215804	0.66576	0.071893	0.79967	0.195249	0.657078	0.016406	0.787093
	0.043567	0.82444	0.186895	0.686601	0.28354	0.696231	0.178874	0.711111	0.031823	0.854706	0.140348	0.70274	0.012995	0.84225
	0.021184	0.877801	0.128558	0.731565	0.221813	0.740576	0.135098	0.756463	0.013223	0.909741	0.098246	0.748402	0.005131	0.897408
	0.010944	0.931163	0.087368	0.776529	0.163956	0.784922	0.108457	0.801814	0.00335	0.964777	0.060839	0.794064	0.0008	0.952565
	0.001079	0.984525	0.064783	0.821493	0.115192	0.829268	0.073497	0.847166			0.02657	0.839726		
			0.040735	0.866457	0.074539	0.873614	0.048705	0.892517			0.008825	0.885388		
			0.027045	0.911421	0.035574	0.91796	0.022147	0.937868			0.003652	0.93105		
			0.007764	0.956385	0.010675	0.962306	0.007441	0.98322			0.000754	0.976712		

流域编号	K643+930		K634		K634+300		K641+980		K643+270		K644+800	
	x	y	x	y	x	y	x	y	x	y	x	y
Strahler												
面积-高程散点值	1	0	1	0	1	0	1	0	1	0	1	0
	0.999758	0.039409	0.99291	0.030362	0.970785	0.039571	0.99756	0.028513	0.980712	0.021418	0.996328	0.024013
	0.984937	0.100985	0.972516	0.079334	0.916621	0.10664	0.994671	0.096402	0.92724	0.072412	0.947619	0.077375
	0.911521	0.162562	0.94031	0.128306	0.867982	0.173709	0.992205	0.164291	0.898272	0.123406	0.898065	0.130736
	0.813705	0.224138	0.90395	0.177277	0.811303	0.240778	0.985704	0.232179	0.873629	0.174401	0.852274	0.184098
	0.688852	0.285714	0.856659	0.226249	0.743418	0.307847	0.967033	0.300068	0.840551	0.225395	0.798802	0.23746
	0.541064	0.347291	0.802811	0.27522	0.679723	0.374916	0.924952	0.367957	0.79826	0.27639	0.760889	0.290822
	0.357214	0.408867	0.750623	0.324192	0.603969	0.441985	0.858699	0.435845	0.759098	0.327384	0.721941	0.344184

续表

流域编号	K643+930		K634		K634+300		K641+980		K643+270		K644+800	
Strahler 面积-高程散点值	0.189629	0.470443	0.689491	0.373164	0.524421	0.509054	0.765093	0.503734	0.709225	0.378378	0.67347	0.397545
	0.141504	0.53202	0.622968	0.422135	0.436287	0.576123	0.654891	0.571623	0.6588	0.429373	0.620997	0.450907
	0.109796	0.593596	0.544728	0.471107	0.341332	0.643192	0.535694	0.639511	0.598514	0.480367	0.557854	0.504269
	0.079289	0.655172	0.453855	0.520078	0.246282	0.710262	0.396704	0.7074	0.526967	0.531362	0.45799	0.557631
	0.043341	0.716749	0.371016	0.56905	0.142542	0.777331	0.240201	0.775289	0.454135	0.582356	0.358891	0.610993
	0.023965	0.778325	0.28214	0.618022	0.05818	0.8444	0.094458	0.843177	0.36459	0.63335	0.241787	0.664354
	0.016019	0.839901	0.199542	0.666993	0.017565	0.911469	0.01731	0.911066	0.25785	0.684345	0.155777	0.717716
	0.007534	0.901478	0.136764	0.715965	0.001311	0.978538	0.002751	0.978955	0.181933	0.735339	0.093057	0.771078
	0.002138	0.963054	0.092871	0.764936					0.10946	0.786334	0.043567	0.82444
			0.061337	0.813908					0.045757	0.837328	0.021184	0.877801
			0.034002	0.86288					0.014033	0.888322	0.010944	0.931163
			0.015121	0.911851					0.004805	0.939317	0.001079	0.984525
			0.004027	0.960823					0.000558	0.990311		

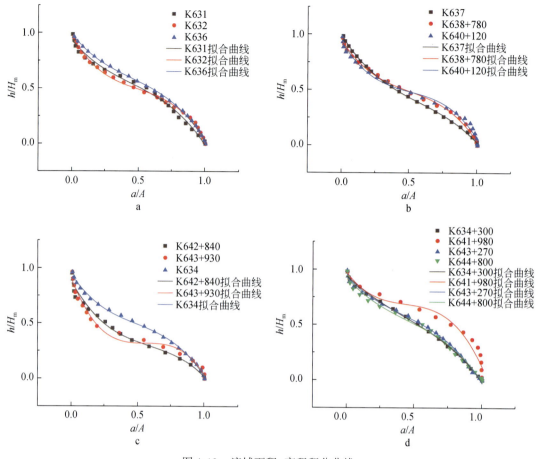

图 4-13　流域面积–高程积分曲线

研究区内面积–高程积分曲线均为上凹下凸形，主要是因为在海拔 3600m 以上，沟谷均坡度陡峭，山势险峻，几乎无植被覆盖，外营力以冰川积雪作用和寒冬风化作用为主，流域上游形成的物源被侵蚀搬运到流域下游堆积，因此，曲线上半部分为凹形；天山山区最大降水带位于海拔 3000m 左右的中山带，流域中游植被覆盖较高，河流侵蚀作用较小，因此曲线变缓；下游由于降水量少，植被稀疏，岩性松散，河流侵蚀作用较强，因此曲线变陡，下降加快。

采用中国第二次冰川编目数据集，将数据导入 ArcGIS，结合已划分出的流域结果，裁剪得到各个泥石流沟冰川覆盖面积，计算出冰川覆盖率，得到冰川地貌条件下的地貌信息熵值，根据表 4-4 进行发育程度划分和危险性评价，最终结果见表 4-7。

表 4-7　天山公路冰川泥石流发育程度划分和危险性评价

流域编号	H	冰川覆盖率	H_g	发育程度	危险性评价
K631	0.19	0.09	0.17	壮年偏幼年期	高
K632	0.21	0.02	0.20	壮年偏幼年期	高

续表

流域编号	H	冰川覆盖率	H_g	发育程度	危险性评价
K636	0.16	0.02	0.16	壮年偏幼年期	高
K637	0.24	0.09	0.22	壮年期	中等
K638+780	0.21	0.00	0.21	壮年期	中等
K640+120	0.21	0.11	0.19	壮年偏幼年期	高
K642+840	0.37	0.21	0.29	壮年期	中等
K643+930	0.37	0.46	0.20	壮年期	中等
K634	0.21	0.00	0.21	壮年期	中等
K634+300	0.19	0.00	0.19	壮年偏幼年期	高
K641+980	0.09	0.00	0.09	幼年期	极高
K643+270	0.19	0.08	0.17	壮年偏幼年期	高
K644+800	0.20	0.12	0.18	壮年偏幼年期	高

　　研究结果表明，研究区 13 条泥石流沟中有一条处于地貌发育幼年期，泥石流危险性极高，7 条泥石流沟地貌发育程度为壮年偏幼年期，泥石流危险性高，5 条泥石流沟地貌发育程度为壮年期，泥石流危险性中等。泥石流危险性评价结果如图 4-14 所示，极高危险面积为 1.47km²，占总流域面积的 2%；高度危险面积为 43.5km²，占总流域面积的 52%；中度危险面积为 38.8km²，占总流域面积的 46%。公路养护部门统计（表 4-8），2013～2017 年极高危险区发生一次泥石流灾害，高度危险区发生 6 次灾害，中度危险区发生 2 次灾害。

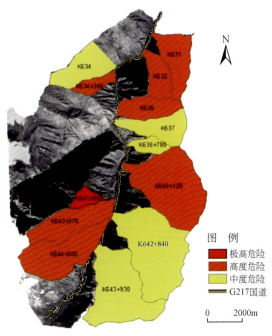

图 4-14　泥石流危险性评价结果

表 4-8 天山泥石流沟地貌信息熵值、发育情况和危险性

流域编号	拟合公式	S	H	发育程度	危险性评价
K631	$y = -2.2757x^3 + 3.4609x^2 - 2.1167x + 0.9811$	0.507458	0.185799	壮年期	高
K632	$y = -2.0917x^3 + 3.1388x^2 - 1.972x + 0.951$	0.488342	0.205082	壮年期	高
K636	$y = -1.4367x^3 + 1.9186x^2 - 1.4322x + 0.9734$	0.537658	0.15819	壮年期	高
K637	$y = -1.2488x^3 + 2.1589x^2 - 1.8703x + 0.9819$	0.454183	0.243438	壮年期	高
K638+780	$y = -1.8371x^3 + 2.7471x^2 - 1.8155x + 0.9361$	0.484775	0.208845	壮年期	高
K640+120	$y = -2.1881x^3 + 3.3158x^2 - 1.9975x + 0.9257$	0.485192	0.208403	壮年期	高
K642+840	$y = -1.6781x^3 + 2.9624x^2 - 2.1367x + 0.8667$	0.366292	0.370617	壮年期	高
K643+930	$y = -3.2775x^3 + 5.471x^2 - 3.0531x + 0.8879$	0.365642	0.371743	壮年期	高
K634	$y = -1.7652x^3 + 2.594x^2 - 1.7429x + 0.9297$	0.481617	0.212223	壮年期	高
K634+300	$y = -0.8634x^3 + 1.0784x^2 - 1.1646x + 0.9407$	0.502017	0.191139	壮年期	高
K641+980	$y = -2.5817x^3 + 3.3482x^2 - 1.6198x + 0.9689$	0.629642	0.092246	幼年期	极高
K643+270	$y = -1.3137x^3 + 1.619x^2 - 1.2667x + 0.9308$	0.508692	0.184605	壮年期	高
K644+800	$y = -1.2729x^3 + 1.6967x^2 - 1.3564x + 0.9213$	0.490442	0.202891	壮年期	高

4.4 基于 InSAR 的冰川泥石流致灾分析

4.4.1 InSAR 与数据选择

InSAR（interferometry synthetic aperture radar）技术是近十几年来发展迅速的一种空间对地观测技术，其以 SAR 传感器为载体，主动发射微波并接收回波信号，实现对地观测。与传统的光学观测手段相比，InSAR 技术具有"全天时、全天候、范围广、精度高、费用低、准时效"等优势，其在地形测绘、地表变形监测、高原和极地冰川运动监测、火山运动监测等方面具有很大的应用前景（王文龙，2010；白永健等，2011；周伟等，2012）。

D-InSAR 技术已广泛应用于地震、火山、滑坡、地面沉降等地表变形监测中，其理论测量精度可达厘米级。本次使用差分合成孔径雷达干涉测量（differential InSAR，D-InSAR）手段对独库公路旁泥石流物源区变形进行监测。

本书使用欧洲太空署（European Space Agency，ESA）Sentinel-1A 系列卫星 SAR 数据，该卫星于 2014 年 4 月发射，目前稳定在轨运行，每 12d 获取一次数据。Sentinel-1A 为 C 波段雷达卫星，其干涉宽幅（interferometric wide swath，IW）成像模式及精确的轨道控制技术可以保证 SAR 干涉效果，且较短的空间基线适于观测地表微小形变。

选用 2017 年 2 月 27 日至 2017 年 6 月 15 日 10 景同一轨道降轨数据，拍摄时间间隔为 12d，详细见表 4-9；根据泥石流坡向（数据覆盖范围如图 4-15 所示），升轨数据在观测点为叠掩区，此次观测有较好的效果，如图 4-16 所示。

表 4-9　选用的 SAR 数据对拍摄日期（年 . 月 . 日）

2017. 2. 27	2017. 3. 11	2017. 3. 23	2017. 4. 4	2017. 4. 16
2017. 4. 28	2017. 5. 10	2017. 5. 22	2017. 6. 3	2017. 6. 15

图 4-15　SAR 数据覆盖范围及泥石流位置（红圈为泥石流处，黑框为 SAR 数据范围）

图 4-16　雷达卫星与地面观测位置空间关系

4.4.2　解缠相位图及变形分析

本次计算主要为多景 SAR 数据之间相互干涉差分，使用 30m 分辨率的 ASTER-GDEM 模拟地形相位，控制每对 SAR 影像较短的空间基线及时间间隔以保证观测效果，数据对基线如图 4-17 所示，空间基线小于 100m，时间间隔少于 24d。SAR 图像干涉成功后，使用滤波、轨道数据、建立模型等方法去除大气影响、轨道误差等，然后相位解缠得到变形结果。

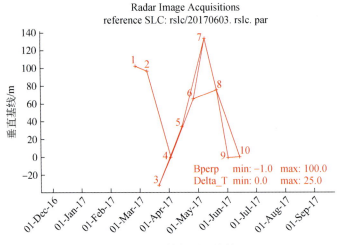

图 4-17　SAR 数据对基线情况

　　其中 10 对数据干涉结果都较好地反映了泥石流沟内物源变形区，解缠后的图像以相位值的形式存在，条纹颜色由黄色过渡到红色，为一个 2π 周期，条纹越密集表示变形量越大。

　　如图 4-18 所示，10 幅图像观测到了 A、B 两处明显连续变形区，分别位于泥石流冲沟两侧，位置较高，其中 A 区面积约为 $0.11 km^2$，B 区面积约为 $0.1 km^2$。两处变形区域顺泥石流沟坡向呈条状，为灰黑色条带，坡度很陡，从遥感图像中也可以清晰看到变形区位置，推测其为碎屑或土石堆积体，位于泥石流沟中上部，与观测到的变形区在形态上匹配。

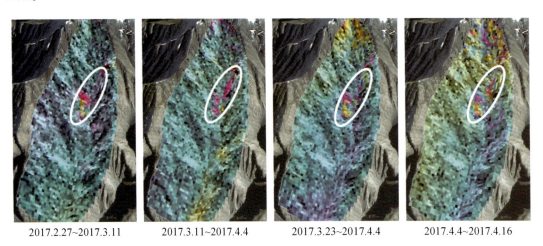

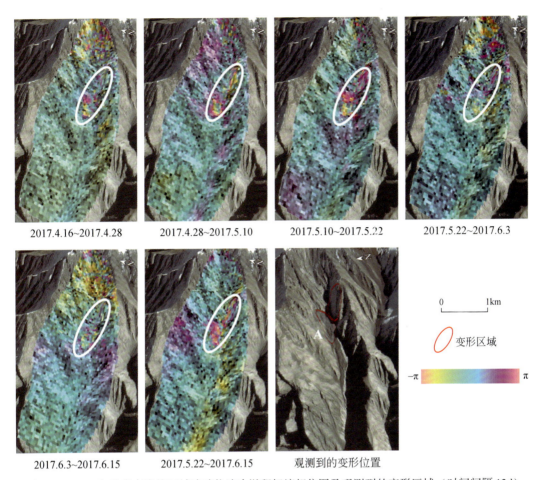

2017.4.16~2017.4.28　　2017.4.28~2017.5.10　　2017.5.10~2017.5.22　　2017.5.22~2017.6.3

2017.6.3~2017.6.15　　　2017.5.22~2017.6.15　　　观测到的变形位置

图 4-18　2017 年独库高海拔区域冰碛物溃决淤积解缠相位图及观测到的变形区域（时间间隔 12d）

2017 年 2 月 27 日至 2017 年 6 月 15 日观测到了物源区的连续变形，目前依旧处于变形状态。自 2 月 27 日起，物源区已明显变形，至 2017 年 5 月 22 日每相隔 12d 几乎都观测到了一个完整的变形周期，物源区滑动速率较为均一，滑动速率都比较快；2017 年 5 月 22 日至 2017 年 6 月 15 日，观测到变形区滑动速率开始下降，每相隔 12d 已观测不到明显变形，相隔 24d 依旧观测到了明显的变形，但变形区相位变化不足一个周期，说明千米级高差冰川泥石流在高海拔区域溃滑淤积启动相比于低海拔区域早，致灾周期相比于低海拔区域短，土石体沿顺坡向向下持续滑动，滑动速率较 2017 年 5 月 22 日前小。

第 5 章　天山冰川泥石流消融水力学机制

本章拟借助水力学理论（常鸣和唐川，2014），分析冰碛物在流动剪切和渗流水压耦合作用下的侵蚀机理，研究冰碛物流动剪应力、沟床基质孔压、泥石流静压及沟床自重作用的计算方法，给出了沟床侵蚀临界深度表达；借助算例阐明了流域降雨特征、沟道几何参数和泥石流性质对流态及侵蚀力的影响规律，展示了沟道侵蚀曲线和侵蚀量的计算方法。

通过现场调研和研究发现：①泥石流侵蚀能力随沟床基质埋深的增大而下降，并在临界深度处消失；②不同降雨条件、沟谷特征和泥石流性质下的临界侵蚀深度因流深流速的差异而不同，利于流深流速增大的流域沟道条件则利于侵蚀进行。

5.1　天山公路冰碛物滑体储量估算

参与泥石流活动的冰碛物松散固体物质是泥石流发生的基本条件（李学兰等，2016；卜祥航等，2016），也是估计泥石流发展趋势的主要依据。松散固体物质储量计算应当分为可直接参与泥石流活动的、半稳定的和稳定的三种（李川等，2012；何娜等，2012；何娜，2013）。即使是活动的物质，也不是一次全都能参与泥石流发生的，而是随泥石流发生年际间的波动，变化数量不等地逐渐加入到泥石流中去。多年平均松散固体物质输移量可由计算泥石流扇形地上的堆积量与堆积年份间的比值求得。

沟床内的松散冰碛物储量也不可忽视，它往往以被揭底冲刷形式参与泥石流活动，有时它的数量可达到一场大型泥石流固体径流量的一半左右。因此，泥石流沟流域内松散固体物质储量计算包括流域中上游坡地、沟床和流域下游泥石流扇形地3个部分。

1. 流域中上游坡地松散固体物质储量估算

坡地上的松散固体物质大多来源于冻融破坏、崩塌或残坡积，在野外填图中，这些自然地质作用类型很容易在大比例尺（1∶10000～1∶2000）地形图上圈定其平面形状；在室内也可以用航空像片或红外遥感像片转绘到地形图上。

松散冰碛物难以确定的是平均厚度。许多矩形或近于矩形堆积体的平均厚度可在野外填图中用简易的手持水准仪测高（厚）法、气压高度计快速测高差（厚）法求得。除此之外，还可用下面两种方法求平均厚度。

（1）求泥石流平均厚度的弓形均高法

此方法如图 5-1 所示，坡地上的泥石流底部大多数是比较规则的弧形滑动面，A 为坡脚滑动面剪出口，B 为滑坡后壁顶点，C 为 B 在地形图上的投影并与 A 等高，H_i 为滑坡的最大高差（m），L_p 为滑坡前缘与后壁间的水平距离（m），θ_s 为坡度角（°），h_i 为滑坡的平均厚度（m）：

$$h_i = \frac{L_p}{4\sin\theta_s}\left(\frac{0.0175\theta_s}{\sin\theta_s\cos\theta_s} - 1\right) \tag{5-1}$$

（2）求坡地松散冰碛物质量的三棱柱体法

除泥石流以外，坡地上的松散固体物质主要为残坡积物、坡积物、崩塌物等几种。一般来说，自分水脊向沟床边缘逐渐变厚，其剖面为一三角形（常鸣等，2012a，2012b）。求坡地上松散固体物资储量时，只要能求得这个斜坡三角形的面积，再与这种坡形沿沟谷方向的长度相乘即可，计算时一般有以下几种情况。

1）当沟岸被冲刷近直立时，如图 5-1a 所示，A 为分水脊；B、C 为沟岸冲刷的顶点、底点，基岩在 C 点出露；D 为 A 在地形图上的投影；L_d 为分水脊至沟岸的水平距离（m），可从地形图上直接读得，或在现场调查时用气压高程差求得，或直接用软尺、测绳量得；H_d 为沟岸冲刷深度（m），可从地形图上读得，或在现场调查时用气压高程差求得，或直接用软尺、测绳量得；H_s 为分水脊与沟床的地形高差（m）；L_g 为所求坡地地段沿沟谷方向的长度（m），由于 $\triangle ABC$ 与 $\triangle BCD$ 同底等高，所以

$$\triangle ABC = \triangle BCD = \frac{1}{2}L_d H_s (\mathrm{m}^2) \tag{5-2}$$

长 L_g 的坡地上松散固体物质体积 V_s 为

$$V_s = \triangle BCD \cdot L_g = \frac{1}{2}L_d H_s L_g (\mathrm{m}^3) \tag{5-3}$$

2）当沟岸冲刷形成的崩塌面为斜坡时，如图 5-1b 所示，坡地基岩仍在 C 点出露，θ_{s_1} 为 AB 斜坡的坡度角，θ_{s_2} 为 BC 斜坡的坡度角，L_d 和 H_s 的意义同图 5-1a，$\angle B = 180° - \theta_{s_1} + \theta_{s_2}$，这时

$$\triangle ABC = \frac{L_d H_1 \sin B}{2\sin\theta_{s_2}\cos\theta_{s_1}} \quad (\mathrm{m}^2)$$

$$V_s = \frac{L_d H_s L_g \sin B}{2\sin\theta_{s_2}\cos\theta_{s_1}} (\mathrm{m}^3) \tag{5-4}$$

3）如图 5-1c 所示，当斜坡基岩出露在 E 点，BE 近于直立时，多边形 $ABCE = \triangle ABE + \triangle BCE = 0.5L_d H_s + 0.5L_d' H_s = 0.5H_s + (L_d + L_d') = 0.5H_s \cdot CD$（$CD$ 为 A 和 C 两点连线在地形图上的投影距离）。这时

$$V_s = \frac{1}{2}H_s L_g \cdot CD (\mathrm{m}^3) \tag{5-5}$$

4）如图 5-1d 所示，坡地基岩在 F 点出露，多边形 $ABCEF$ = 多边形 $ABCE + \triangle AEF$，而多边形 $ABCE$ 面积计算同图 25（C），在坡地冲沟测定基岩 AF 坡度和冲沟底 AE 坡度（也可在 1:2000 ~ 1:10000 地形图上计算求得），得出 θ_r 和 θ_b。这时：

$$\triangle AEF = \frac{1}{2}H_1^2\left(\frac{1}{\tan\theta_b} - \frac{1}{\tan\theta_r}\right) \tag{5-6}$$

$$V_s = (多边形\ ABCE + \triangle AEF)L_g = \frac{1}{2}\left[H_s \cdot CD + H_1^2\left(\frac{1}{\tan\theta_b} - \frac{1}{\tan\theta_r}\right)\right]L_g (\mathrm{m}^3) \tag{5-7}$$

5）如图 5-1e 所示，当斜坡基岩出露在 E 点，而 C 点未被沟岸冲刷切割时，需要量测 AC 和 AE 两个坡度角（即斜坡和坡面冲沟基岩坡度角），或在大比例尺地形图上量算。这时

$$V_s = \triangle ACE \cdot L_g = \frac{1}{2}H_1^2\left(\frac{1}{\tan\theta_s} - \frac{1}{\tan\theta_r}\right)L_g(m^3) \tag{5-8}$$

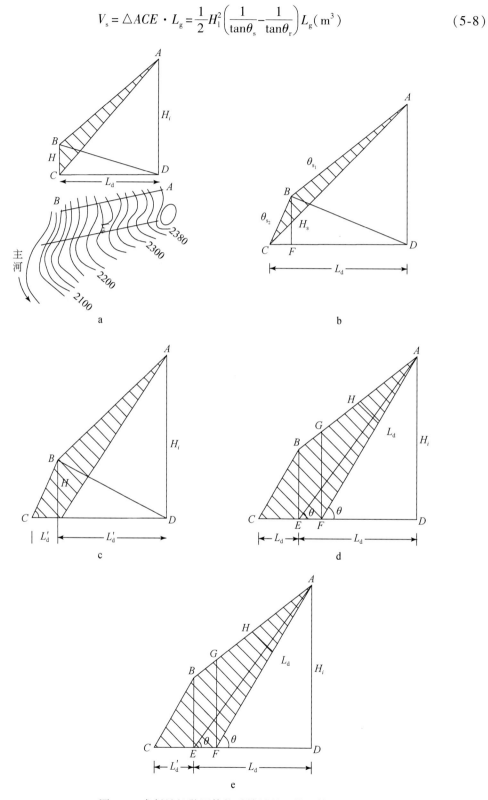

图 5-1　求斜坡松散固体物质储量的三棱柱体法

　　表 5-1 显示了泥石流沟中单一海拔周边南侧侧蚀堆积扇物源储量的估算，由该结果可以看出，在千米级搬运过程中，由于千米级高差，会有很多侧蚀物源（数量级达到 10^9 级别），表 5-2 显示了在现场调研和计算统计的基础上得到的独库公路主要几条冰川泥石流沟的松散堆积体平均厚度和储量。

表 5-1　独库公路 K636 海拔 2350m 沟谷南侧侧蚀堆积扇物源储量

L_g/m	H_1/m	$\theta_b/(°)$	$\theta_r/(°)$	V_s/m^3
28	21	41	48	1543.28

表 5-2　泥石流沟松散物质储量

泥石流沟名称	流域面积/km²	平均厚度/m	储量/万 m³
G217 K630 沟	2.45	13.6	3332
G217 K636 沟	4.24	9.6	4070.4
G217 K637 沟	5.16	9.9	5108.4
G217 K648 沟	2.21	9.5	2119

　　以上方法在实际工作中可以灵活运用，如崩塌体多呈围裙状撒落在坡面上和堆积在沟谷中，这时坡面部分用三棱柱体法（取围裙梯形中线长为 L_g）计算，沟谷中部分用矩形法计算，然后总计。

2. 沟床松散固体物质储量估算

　　沟床上、中、下游松散固体物质的断面具有不同形状（孙红月等，2006；王成华等，2007），上游可能为 V 形，中游可能为梯形，下游可能为矩形，根据勘测资料或剖面量测数据确定断面形状和尺寸之后，应分别乘以沟段长度予以估算。有时沟床被清水下切，两岸出现砂砾石台地，这时也应仔细估算台地物质储量，当沟床局部地段出露基岩时，沟床松散沉积物厚度就更容易确定；当坡面支沟切穿主沟堆积台地时，应量测堆积层厚度。

3. 流域下游泥石流扇形地松散固体物质储量估算

　　在沟谷泥石流扇形地发育充分或比较完整的情况下，主要采用纵切圆锥体估算扇形地上固体物质堆积量。

　　如图 5-2 所示，$\triangle ABC$ 为一泥石流扇形地，α 为扇形地在平面上的投影角，也是地形图上的扇顶张角，R_s 为扇形地半径（m），h_s 为扇顶泥石流淤积厚度（m），h_x 为原冲积扇扇顶高度（m），H 为扇形地全高（m），泥石流扇形地上固体物质堆积量为

$$V_s = \frac{1}{3}\pi R_s^2(H-h_x)\alpha_f = \frac{1}{3}\pi R_s^2 h_s \alpha_f (m^3) \tag{5-9}$$

式中，$\alpha_f = \alpha/360°$，为角度系数；h_s 可从 1∶2000～1∶10000 地形图上判读出或经过调查后实测确定，经过现场调研，独库公路 K636 的冲积扇固体物质堆积量计算参数如下。

　　根据表 5-3 参数计算得出泥石流扇形地上固体物质堆积量 V_s 为 5729.2m³，该数据作

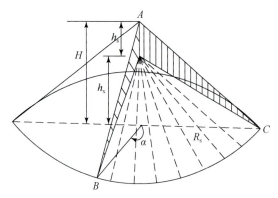

图 5-2　求泥石流扇形地固体物质堆积量的纵切圆锥体法

为后续监测预警的基础数据，即根据扇顶泥石流淤积厚度预警值，最终可得出夏季融雪降雨过程 K636 泥石流沟的土方量预警值。

表 5-3　独库公路低海拔单次冲积扇物源量参数

R_s	H	h_x	h_s	α_f	α
300	21.65	21.1	0.55	0.35	125

泥石流流量是泥石流规模、泥石流冲出固体物质方量和泥石流危险性评价的重要指标，也是泥石流防治工程设计的重要参数。根据区域内冰川泥石流形成的主要补给水源条件的不同，本节仅讨论冰川积雪融水型及冰川-降雨混合型泥石流的流量计算公式。

根据中国科学院青藏高原综合考察队泥石流组资料，天山区域冰川消融洪峰系数首先取决于流域内冰川的分布面积和流域面积之比（表 5-4），冰川分布面积越大，对冰川消融的径流发育越有利；其次为冰川发育的坡度，坡度越大，越有利于冰川消融。与此同时，由于大量冰川消融，冰川末端产生局部冰崩，大量冰块随消融径流而下，极易使狭窄的沟谷堵塞，增大其消融洪峰系数，所以冰川消融洪峰系数计算步骤如下。

（1）清水洪峰流量计算

1）计算冰川消融洪峰系数：

$$d = 1 + 7.6(F_1/F) + 0.05\theta_0 \qquad (5\text{-}10)$$

式中，d 为冰川消融洪峰系数；F_1 为冰川面积（km^2）；F 为流域面积（km^2）；θ_0 为冰川表面平均坡度（°）。

2）冰川消融清水洪峰流量（无降雨）：

$$Q_1 = F_1(0.1t + 0.5) \qquad (5\text{-}11)$$

式中，Q_1 为气温型冰川消融流量（m^3/s）；t 为冰川表面日平均最高气温（℃）。

（2）泥石流流量计算（梁京涛等，2013）

采用配方法进行计算，其计算公式如下：

$$Q_c = Q_1(1 + \varphi_c)d \qquad (5\text{-}12)$$

式中，Q_c 为冰川泥石流洪峰流量（m^3/s）；φ_c 为泥石流流量增加系数（无量纲）。

表 5-4 独库公路典型千米级冰川泥石流冰川消融型洪峰流量

里程桩号	F_1/km^2	F/km^2	θ_0	d	Q_1（无降雨）	Q_c（m^3/s）
K630	1.13	2.45	47	6.86	3.73	95.86
K636	1.75	4.24	41	6.19	5.78	133.98
K637	3.5	5.16	37	8.01	11.55	346.72

冰川-降雨混合型泥石流流量：单一的温度性冰川消融，其流量是很小的，一般激发泥石流较难，但当有一定的降雨条件配合时，其就会激发冰川剧烈消融，产生一定规模的径流，从而导致泥石流暴发，这类泥石流在天山、昆仑山和喜马拉雅山脉流域规模最大，对公路危害最严重，如天山公路、青藏公路支流泥石流即属于此类，暴发季节一般在夏季的 6~8 月。

采用配方法计算天山泥石流沟冰川-降雨混合型泥石流流量的步骤如下。

（1）清水洪峰流量计算

天山流域冰川-降雨混合型泥石流清水流量计算又分为两种情况：①冰川范围内无降雨，非冰川流域范围内有降雨；②整个流域内均有降雨（包括冰川在内）。

下面就两种情况分别研究。

第一种情况：冰川区无降雨，非冰川区有降雨。

1）计算冰川消融洪峰系数，见式（5-10）；

2）在无降雨时，冰川消融清水洪峰流量计算见式（5-11）；

3）计算流域内非冰川区暴雨清水流量 Q_0。根据降雨型泥石流清水流量计算方法进行计算。

第二种情况：整个流域内均有降雨（包括冰川在内）。

1）计算冰川消融洪峰系数，见式（5-10）；

2）在有降雨时，冰川消融清水洪峰流量：

$$Q_2 = F_1(0.05H+2.1) \tag{5-13}$$

式中，Q_2 为降雨型消融流量（m^3/s）；H 为日降水量（mm），取值 28mm/d；

3）计算流域内非冰川区暴雨清水流量 Q_0。同降雨泥石流清水流量计算方法。

（2）冰川-降雨混合型泥石流的流量计算（表 5-5）

第一种情况，冰川区无降雨，非冰川区有降雨，计算公式为

$$Q_{c_1} = (Q_1+Q_0)(1+\varphi_c)d \tag{5-14}$$

式中，Q_{c_1} 为冰川-降雨混合型泥石流的流量（m^3/s）；Q_0 为流域内非冰川区的洪峰流量（m^3/s）；其他符号同前。

第二种情况，整个流域内均有降雨（包括冰川在内），计算公式为

$$Q_{c_2} = (Q_2+Q_0)(1+\varphi_c)d \tag{5-15}$$

式中，Q_{c_2} 为冰川-降雨混合型泥石流的流量（m^3/s）；Q_0 为流域内非冰川区的洪峰流量

（m^3/s）；其他符号同前。

表 5-5　独库公路典型千米级冰川泥石流冰川消融-降雨型洪峰流量

里程桩号	F_1/km^2	F/km^2	θ_0	d	Q_2	Q_0	$Q_{c_1}/(m^3/s)$	$Q_{c_2}/(m^3/s)$
K630	1.13	2.45	47	6.86	3.16	0.01	96.12	100.57
K636	1.75	4.24	41	6.19	4.90	0.2	138.62	144.79
K637	3.5	5.16	37	8.01	9.80	1	376.74	392.45

监测数据显示，独库公路 K636 现场 2017 年 5~8 月最高日降水量为 28mm/d。由于单一的温度性冰川消融，其流量是很小的，一般激发泥石流较难，而且上述关于冰川泥石流消融-降雨型的洪峰流量大多是通过地下水和小流量的地表水流淌完成的。但当有一定的降雨条件配合时，就会激发冰川剧烈消融，产生一定规模的径流，从而导致泥石流的形成。所以，在天山、昆仑和喜马拉雅山脉区域，冰川泥石流一般都在夏季雨季暴发，所以为冰川-降雨型泥石流。

5.2　冰川泥石流水力致灾机制

5.2.1　松散土吸水强度非线性衰减及磨蚀作用

冰碛物在千米级搬运过程中产生了大量颗粒小于 0.5cm 的细颗粒和黏土。研究表明，黏土的膨胀在浸湿后并未立即完成，而是随时间而发展，膨胀后土体的体积增加量（ΔV）远远大于进入土体中水的体积。冰川融雪和降雨渗入地表后，孔隙充水后压缩土体中的空气，以及水化膜的楔入作用都将导致土体膨胀。只有当土体吸水后处于塑限含水量和液限含水量之间时，才发生显著膨胀。这表明土体的膨胀现象不仅是土体水化膜厚度增加而导致黏土颗粒之间的机械运动，还与浸湿后土体颗粒与晶体内部的体积变化有关。

根据土体吸水渗透理论，吸水作用和渗透作用相互消长（陈洪凯等，2007），在土体渗透作用加强时，吸水作用已经开始减弱。而对于短期内测量的结果，很难将土体的吸水后效测量出来。随着土体含水量的增大，非饱和土体基质吸力降低，导致土体体积增大。

自由膨胀试验是指试验中使浸于蒸馏水中的试样在标准压力下膨胀，达到平衡后再按常规的固结试验方法加荷和卸荷，以此来测定土体的膨胀势和膨胀量，初始干燥土体吸水后的蠕变膨胀包括膨胀量和膨胀势预测，利用自由膨胀试验或常体积试验进行测试。拟合得出的经验公式为

$$S = 1.73 \times 10^{-3} (I_p)^{2.09} \tag{5-16}$$

式中，S 为膨胀百分数；I_p 为土体塑性指数。

G217 线 K636 泥石流的 I_p 为 13.41，运用式（5-16）计算得到泥石流沟内松散土体从干燥状态到饱和过程中的膨胀量为 39.3%。

冰碛物堆积体吸水后，水化膜厚度增大，楔入作用增强，楔入作用消耗外力做功，必

然在内黏结力上有所表现（吴国雄等，2006；徐骏等，2007；魏丽娜等，2014）。楔入作用完成后，土体连接强度随之下降，此时土体内黏结力减小，进而降低土体的抗剪强度。可以用下式来表示内黏结力随含水量的变化关系：

$$c_1 = c_1^0 + c_1(w) \tag{5-17}$$

式中，c_1 为土体的第一部分黏结力（kPa）；c_1^0 为土体在饱和状态下的黏结力（kPa）；w 为含水量。

研究表明，冰碛物堆积体处于吸水界限含水量时，土体的楔入作用最强，随后逐渐降低。所以 $c_1(w)$ 曲线是一条以界限含水量为分界的三次曲线，其曲线方程为

$$c_1(w) = a(w - w_x)^3 + b(w - w_x)^2 + c(w - w_x) + d \tag{5-18}$$

式中，w_x 为土体的吸水界限含水量；a、b、c 和 d 为待定常数。

图 5-3 显示了冰碛物堆积体吸水过程，以及其导致的冰碛物有效应力降低过程，整个泥石流沟谷过程平均每 150m 左右就会发生坡体侧滑堵沟，但是在侧滑堵沟下面一段距离范围内，又会有堆积体地表水出露，最终独库公路沿线的沟谷融雪水与雨水通过地表水和地下水的形式汇聚到奎屯河中。

图 5-3　海拔 2250m 和 2200m 堆积体吸水强度衰减（2017 年 6 月）

雨雪当量是指在一定温度和海拔环境下，一定范围内的雪融化成水后，其等效降雨量，主要利用雨雪当量来分析其融化水对泥石流的影响。

整体上每到 6~8 月，奎屯河的水位、流量和流速会慢慢增加，2017 年 6 月 7~17 日在 K636 所在道班进行观测，奎屯河水深平均达到 0.8m，流速为 1.6m/s，奎屯河流水断面宽大约为 5m，初步估算道班所在地奎屯河的流量大约为 6.4m³/s，此时一天的流量约为 $5.5 \times 10^5 \text{m}^3$，与雨雪当量温度每升高 10cm/℃ 融化的 $5.2 \times 10^5 \text{m}^3$ 接近，说明雨雪当量在平均温度为 22℃ 时融化的雪厚与等效降雨计算的流量是科学一致的。

通过对独库公路 G217 线 K630 和 K636 泥石流沟松散土体的抗剪强度试验数据进行拟合，得到下列强度指标衰减方程。

独库公路 G217 线 K630 泥石流：

$$c(w) = 11.5469(w - 0.2372)^3 + 27.7182(w - 0.2372)^2 - 112.8721(w - 0.2372) + 18.1721 \tag{5-19}$$

$$\varphi(w) = 5.1142\,w^2 - 34.5843w + 20.7562 \tag{5-20}$$

土体含水量 $w > 40\%$ 便不适用。

G217 线 K636 泥石流：

$$c(w) = 9.7196\,(w-0.2214)^3 + 25.8804\,(w-0.2214)^2 - 129.2906(w-0.2214) + 19.0392 \tag{5-21}$$

$$\varphi(w) = 3.8789\,w^2 - 13.1871w + 21.6425 \tag{5-22}$$

土体含水量 $w > 38\%$ 便不适用。

随着堆积体含水量的增大，基质吸力快速降低。另外从冰碛物堆积体室内试验过程中看出，随着含水量的增大，渗透系数总体呈非线性降低趋势，但有一个峰值段，在含水量小于 21% 时，随着含水量的减小，渗透系数降低，稳定在 2×10^{-4} m/s 附近；而在含水率大于 38% 时，随着含水量的增大，渗透系数急剧降低，并趋于稳定值。一般含水量在 38% 左右时，渗透系数趋于稳定，数量级在 $10^{-9} \sim 10^{-10}$ cm/s，即峰值渗透系数是饱和稳定渗透系数的 50000 倍左右。

5.2.2　冰碛物冲刷切割与拖曳启动机制

磨蚀作用主要体现在冰碛物流体在搬运过程中对两侧坡体或滑床的摩擦和剪切（王秀琴等，2012）。水利水电部门在夹沙水流对混凝土结构的磨蚀作用方面的研究比较深入，将混凝土壁面的磨蚀分为空蚀（气蚀）和磨损两类，统称磨蚀。空蚀主要分为三种，即空泡溃灭压力冲击理论、冲击波作用理论和微射流冲击理论。

在沟谷泥石流中，位于沟槽两岸的松散物质（含碎裂岩体、冰碛物）在常态地貌过程中处于基本稳定状态（图 5-4a）；受前期雪水融化、降雨及泥石流体的切割后，岸坡轮廓变化如图 5-4b 所示。切割以后沟槽斜坡上的松散土体模型见图 5-5。随着沟槽谷底的向下切割（图 5-6），由前期的沟槽岸坡坡角 θ 增大为切割坡体的坡角 α，松散物质与完整基岩的接触面长度由切割前的 L 缩短了 ΔL。假定切割前后岸坡松散物质的重力分别为 W_b 和 W_a，且 $W_b > W_a$，令 β 为接触面的平均倾角，则切割前，接触面上的法向应力和切向应力分别为

$$\sigma_b = \frac{W_b\cos\beta}{L} \tag{5-23}$$

$$\tau_b = \frac{W_b\sin\beta}{L} \tag{5-24}$$

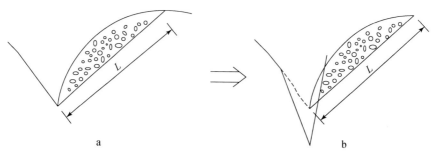

图 5-4　泥石流沟槽岸坡切割模式

a. 切割前；b. 切割后

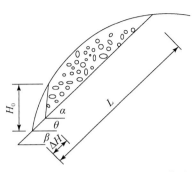

图 5-5　沟槽切割以后的松散土体块

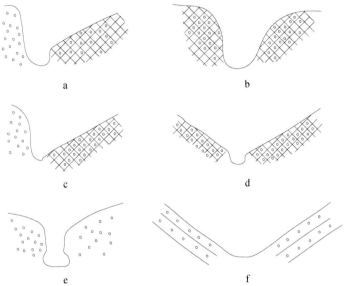

K630：流通区场地广阔（尤其
是北侧有广场式的区域）
K636：流通区窄
K637：固化层有效+地形效应；
沟道侵蚀侧滑效应低

图 5-6　独库公路 K630、K636 和 K637 沟槽切割冲刷典型断面

a. K636；b. K636、K637；c. K630、K636、K637；d. K636；e. K636；f. K637

切割后，接触面上的法向应力和切向应力分别为

$$\sigma_a = \frac{W_a \sin\beta}{L - \Delta L} \tag{5-25}$$

$$\tau_a = \frac{W_a \sin\beta}{L - \Delta L} \tag{5-26}$$

按照莫尔-库仑强度公式（王成华等，2007），切割前后松散土体的极限抗剪强度分别为

$$\tau_{fb} = c + \frac{W_b + \cos\beta}{L} \tan\varphi \tag{5-27}$$

$$\tau_{fa} = c + \frac{W_a + \sin\beta}{L - \Delta L} \tan\varphi \tag{5-28}$$

则切割前后松散土体的极限安全性指标$\Delta \tau_f$为

$F<1$，颗粒处于滚动状态；

$F=1$，颗粒处于极限平衡状态；

$F>1$，颗粒处于静止状态。

换言之，对于不良胶结型松散物质，滚动失稳是其主要机理。

在雪水诱发下，水体与松散物质简单混合成初始泥石流体（initial debris flow mass）。位于泥石流沟斜坡上的松散物质在降雨动力冲击作用下发生不同程度的变形，并且水体对土体的软化作用使土体逐渐发生流变而呈现蠕滑、流动状态，形成初始泥石流体（图5-11）。其形成机制包括降雨冲击机制和吸水软化机制，而前述的冲刷切割启动型和沟床拖曳启动型则是初始泥石流体物源的主要补给类型。

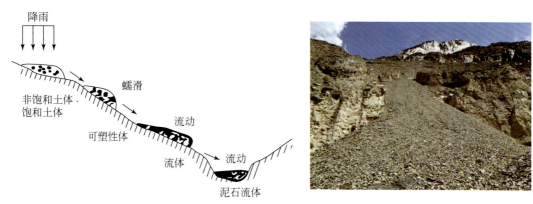

图 5-11　初始泥石流体侧滑失稳淤积形成过程机制

（2）对于良好胶结型松散物（图 5-12 和图 5-13）

当松散物质胶结良好时，在拖曳剪切力 τ 的作用下，其启动机理主要是剪切破坏，即在松散体中形成滑移破坏面。当滑动面上的抗剪强度小于拖曳剪切力 τ 时，松散物质便启动进入水体中，融合而构成泥石流。这种泥石流启动类型极易在沟槽比降较大的地段和泥石流发育频率较小的泥石流沟中产生。

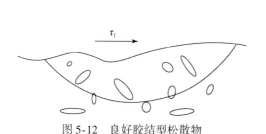

图 5-12　良好胶结型松散物

图 5-13　分期分层良好胶结型流体

5.3　千米级冰川泥石流极限平衡法失稳过程机制分析

极限平衡法是目前常用的滑坡、堆积体稳定性分析方法，从朗肯和库仑在 18 世纪后期研究土压力所采用的方法，发展到适用于滑坡稳定性的方法，现在其已经适用于岩土体研究。其逐渐发展成一个独立的方法体系，并且从一维发展到二维，但是目前最常用的还是方便、简洁的一维方法，又称为刚体极限平衡方法（姜屏，2012；曹建军，2014；孙超等，2014）。

极限平衡法的基本特点是：只考虑泥石流处于破坏的一瞬间的静力平衡的方程组，它的基础是莫尔–库仑破坏准则。但是很多时候静力平衡方程涉及的未知数的个数比方程数更多。这也就是说，我们想要求解方程组，就需要对一些未知数做出假设。

极限平衡法大体上可以分为两种，一种是垂直条分法，其假定边坡在失稳致灾时只有滑移处满足莫尔–库仑准则和静力平衡条件，也就是说，在泥石流产生破坏时只有破裂面位置处于极限平衡状态（王腾飞，2013）；另一种是滑移线法，其假定在泥石流产生破坏时，冰碛物堆积体每一处都满足莫尔–库仑准则和静力平衡条件，也就是内部全都处于极限平衡状态。

一般来说，工程中大部分都采用垂直条分法的极限平衡法来评价滑坡泥石流的稳定性，这是因为垂直条分法的计算结果相较于滑移线法通常偏小，而滑移线法的计算结果通常代表了土体稳定性的上限值。因此用垂直条分法更加安全。

垂直条分法的原理是，假设条块 i 为剖面中任意一条块，其受力情况如图 5-14 所示，图中，T_i、T_{i+1} 为条间切向力，W_i 为条块重力，U_i、U_{i+1}、U_{bi} 为条间和底滑面上的水压力，E_i、E_{i+1} 为条间法向力，N_i 为底滑面上的法向力，S_i 为底滑面上的切向力，Q_i 为地震力。那么条块 i 在滑面处将满足莫尔–库仑准则：

$$S_i = \frac{C_i}{k_i}L_i + \frac{\tan\varphi_i}{k}N_i \tag{5-35}$$

式中，C_i、φ_i 为滑动面的黏聚力和内摩擦角；L_i 为滑面长度。

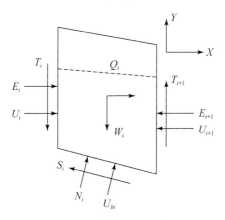

图 5-14　滑体条块受力简图

现简单介绍目前工程上使用较多的建立于垂直条分法基础上的极限平衡法。

1. 一般条分法

一般条分法的计算原理见图 5-14 和图 5-15，其中 i 为一均质滑体中任一土条；土条宽为 b_i，高为 h_i；土条底部的坡角为 a_i，长为 L_i，R 则为滑裂面圆弧的半径；P_i 及 P_{i+1} 为作用于土条两侧的条间力的合力，其方向和土条底部平行；W_i 为其本身的自重；T_i 及 N_i 分别为作用于土条底部的切向阻力和总法向反力。

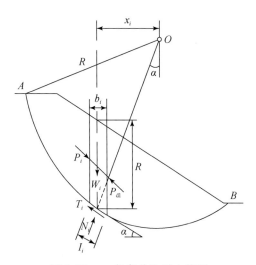

图 5-15　一般条分法受力简图

根据莫尔–库仑准则，滑裂面 AB 上的平均抗剪强度为

$$\tau_{\mathrm{f}} = C' + (\sigma - \mu)\tan\varphi' \tag{5-36}$$

式中，σ 为法向应力；μ 为孔隙水压力；C'、φ' 为有效抗剪强度指标。

则土条底部的切向阻力 T_i 为

$$T_i = \frac{c'_i l_i}{k} + (N_i - \mu_i l_i)\frac{\tan\varphi'}{k} \tag{5-37}$$

式中，k 为整个滑裂面 AB 上的安全系数。由土条底部法线方向力的平衡可得

$$N_i = W_i \cos\alpha_i \tag{5-38}$$

同时，各土条对圆心的力矩和应当为零，即

$$\sum W_i x_i - \sum T_i R = 0 \tag{5-39}$$

而 $x_i = R\sin\alpha_i$，并将式（5-37）、式（5-38）带入式（5-39）中，得

$$K = \frac{\sum\left[c'_i l_i + (W_i\cos\alpha_i - \mu_i l_i)\tan\varphi_i \right]}{\sum W_i \sin\alpha_i} \tag{5-40}$$

2. 传递系数法

传递系数法是我国铁路部门在长期的工程实践中提出来的，也叫剩余推力法（图 5-16），

主要适用于滑动面为平板折线型边坡的稳定计算。其假定了条间力的方向，即某条块传递给下一条块（向坡脚方向）的剩余推力平行于该条块的滑面。

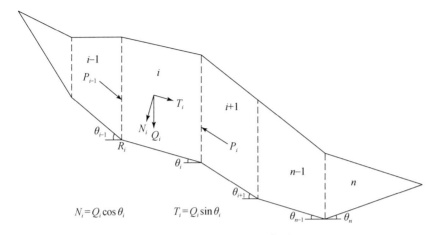

图 5-16　传递系数法示意图

计算公式为

$$F_s = \frac{\sum_{i=1}^{n-1}\left(R_i\prod_{j=i}^{n-1}\varphi_j\right) + R_n}{\sum_{i-1}^{n-1}\left(T_i\prod_{j=i}^{n-1}\varphi_j\right) + T_n} \tag{5-41}$$

$$\varphi_j = \cos(\theta_i - \theta_{i+1}) - \sin(\theta_i - \theta_{i+1})\tan_{i+1} \tag{5-42}$$

$$\prod_{j=i}^{n-1}\varphi_j = \varphi_i \times \varphi_{i+1} \times \varphi_{i+2}\cdots \times \varphi_{n-1} \tag{5-43}$$

$$R_i = N_i\tan_i + C_iL_i \tag{5-44}$$

$$N_i = W_i\cos\theta_i - Q_i\sin\theta_i \tag{5-45}$$

$$T_i = W_i\sin\theta_i + Q_i\cos\theta_i \tag{5-46}$$

式中，F_s 为稳定系数；W_i 为第 i 块段滑体所受的重力（kN/m），为条块自重与附加荷载之和；R_i 为作用于第 i 块段的抗滑力（kN/m）；N_i 为第 i 块段滑动面的法向分力（kN/m）；φ_i 为第 i 块段土的内摩擦角（°）；C_i 为第 i 块段土的黏聚力（kPa）；L_i 为第 i 块段滑动面的长度（m）；T_i 为作用于第 i 块段滑动面上的滑动分力（kN/m），出现与滑动方向相反的滑动分力时，T_i 应取负值；φ_i 为第 i 块段剩余下滑动力传递至 $i+1$ 块段时的传递系数（$j=i$）。

其中动水压力按下式计算：

$$D = r_whL\cos\theta\sin\beta \tag{5-47}$$

式中，D 为滑坡体或其某条块动水压力（kN/m）；r_w 为水的重度，取 10kN/m^3；h 为滑坡体或其某条块在地下水位面至河水位面范围内的高度（m）；L 为滑坡体或其某条块滑面长度（m）；θ 为滑坡体或其某条块滑面倾角（°）；β 为滑坡体或其某条块地下水流线平均倾角（°）。W 为滑坡体或其某条块自重与相应建筑等地面荷载之和（kN/m）。

通过实验和现场调研，K636 泥石流极限平衡计算的参数取值见表 5-6。

表 5-6　K636 山坡计算参数

冰碛物堆积层参数			基岩地层参数		
黏聚力/kPa	内摩擦角/（°）	重度/（kN/m³）	黏聚力/kPa	内摩擦角/（°）	重度/（kN/m³）
74	36	21	7000	50	27

注：夏季融雪降雨汇流工况参数为，冰碛物堆积层的渗透系数是 $2.718×10^{-6}$ m/s，饱和含水率是 26%；基岩地层的渗透系数是 $2.718×10^{-7}$ m/s；饱和含水率是 0.7%

　　图 5-17 显示了连续 4 年 K636 典型失稳破坏周期（2014～2017 年），如前文所述，独库公路降雪和降雨季节性明显，千米级搬运距离与高差特征使得泥石流沟谷里多期循环淤积破坏现象普遍存在。上一周期泥石流灾害稳定后，天山进入冬季低温降雪阶段（2016年 11 月～2017 年 3 月），地表水渗流基本消失，地下水不活跃，整个千米级泥石流基本处于稳定状态。

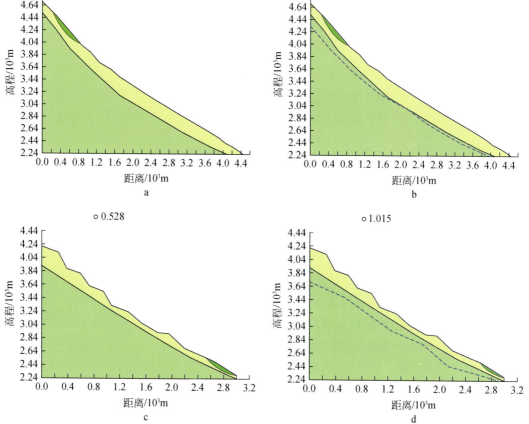

图 5-17　千米级冰川泥石流失稳周期过程分析（2016～2017 年）

a. 千米级泥石流整体处于稳定状态（2016.11～2017.3）b. 高海拔（H=4000m）首发失稳（2017.3～2017.5）c. 多期循环破坏淤积千米级泥石流二次稳定状态（2017.4～2017.7）d. 千米级泥石流二次失稳冲垮路基（H=2200）（2017.6～2017.10）

开春后，天山地区温度开始回升，冰川融雪现象开始出现，雪水通过渗透方式进入地表冰碛物淤积物中，地表冰碛物主要来自冰川基岩（片麻岩等变质岩）冻融破坏，加之高海拔区域坡降普遍较高（甚至达到1.7），新一轮泥石流灾害周期（2017 年 3 月～2017 年 5 月）的失稳区域一般分布在高海拔区域（如海拔 4000m）。

新周期在高海拔地区数千米的沟谷里发生多次循环破坏和淤积后，虽然对沟谷下面的结构物没有造成实质性的冲击破坏，甚至通过淤积自循环达成了二次稳定状态（2017 年 4 月～2017 年 7 月），但是此时已经是危机四伏，因为淤积破坏的潜在区域已经下移到低海拔区域，这些区域靠近路基、桥梁、铁路、水利等基础设施。

经过 4～7 月的连续升温和高温后，数千米沟谷上的季节性冰川基本融化，地下水活动已经从松散物下渗变成地表水汇流，在汇流流量和流速达到一定级别后（2017 年 7 月汇流流速为 3m/s），整个泥石流发生二次失稳（2017 年 6 月～2017 年 10 月），失稳条块的几何特征为 25m×67m×27m，并冲毁沿线的路基等基础设施。

图 5-18 显示了整个泥石流致灾周期过程，不同时间不同致灾区域的受力情况，以及力的多边形图，从该图中可以看出第一次稳定状态和失稳状态，堆积区块在几何特征为 25m×67m×27m 的条件（高程 2300m，距离最高峰 3600m）下，通过失稳分析可以得出即时底部法向力和法向应力分别为 36027 kN 和 1287.4 kPa，基底抗剪力和基底抗剪应力分别为−8141.7 kN 和−290.94 kPa（图 5-19），基底运动剪力和基底运动剪应力分别为−15999 kN 和−571.72 kPa，左侧法向力和左侧剪切力分别为 58441 kN 和 14399 kN，右侧法向力和右侧剪切力分别为 58829 kN 和 14674 kN。

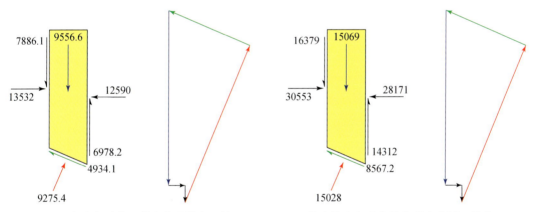

图 5-18　二次稳定后典型潜在失稳堆积区块（$H=2200$m）稳定状态与失稳状态受力分析（单位：kN）

二次稳定后再失稳过程受力分析同样如图 5-20 所示，由该图可以看出失稳前后，底部法向力和基底抗剪力等均有不同程度的提高。

图 5-19～图 5-20 显示了典型潜在失稳堆积区块（$H=4000$m）失稳前后和二次稳定后典型潜在失稳堆积区块（$H=2200$m）失稳前后的滑动面抗剪强度分析，由两图可以看出第一次和二次稳定后失稳前后滑动面的抗剪强度下降，但是绝对值差异较大，第一次失稳前抗剪强度峰值为 1100kN，稳定后再失稳抗剪强度峰值为 375kN，这反映出第一次失稳后，即使初步形成了再稳定状态，整条沟里的冰碛物松散体的抗剪强度相比于之前大幅度

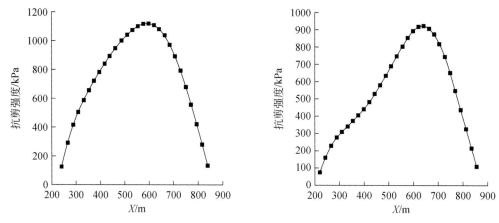

图 5-19　典型潜在失稳堆积区块（$H=4000m$）失稳前后滑动面抗剪强度分析

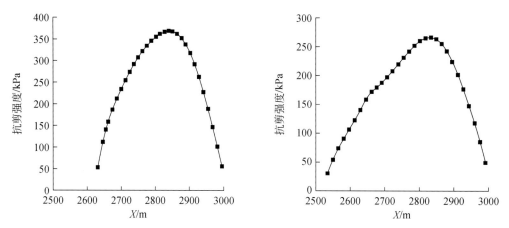

图 5-20　二次稳定后典型潜在失稳堆积区块（$H=2200m$）失稳前后滑动面抗剪强度分析

下降。

　　夏季融雪降雨汇流工况选择山坡极限饱水状态做稳态渗流模拟分析，对于稳态渗流，只有岩石应力和渗透系数之间的耦合关系，与水压力无关。渗透系数取值依据室内试验和毛昶熙的《堤防工程手册》（水利水电出版社，2009 年出版）中的各类岩土渗透系数经验值表。

　　图 5-21 和图 5-22 显示了同一周期范围不同失稳阶段的孔隙水压力分布图和渗流速度矢量图，由两图可以看出，在第一阶段失稳后，松散土达到二次稳定前，一些细颗粒充填于大块石之中，使得松散冰碛物具有一定的堵水功能，说明天山独库公路在夏季融雪和降雨条件下，整个千米级冰川泥石流的地下水活动范围集中在浅表层 30m 以内，6~8 月就出现地表汇流。

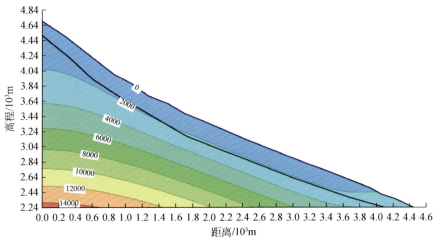

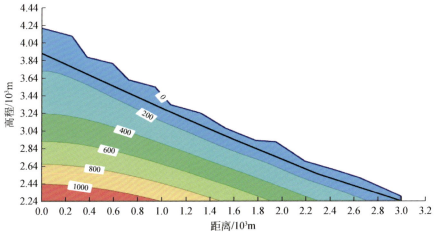

图 5-21　不同失稳时机下冰川泥石流孔隙水压力（kPa）分布图

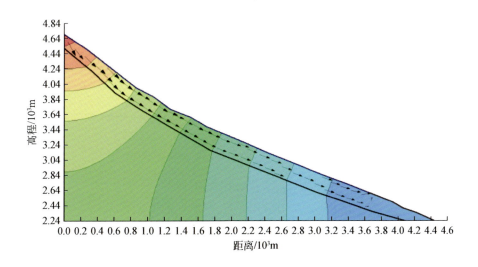

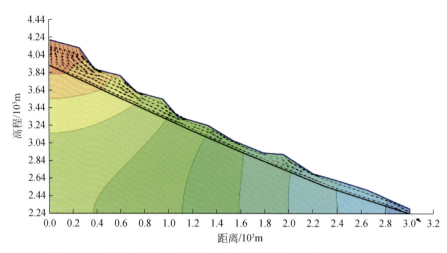

图 5-22　不同失稳时机下冰川泥石流孔隙水渗流速度（m/s）矢量图

第6章 冰川泥石流千米级冲淤运动动力学特征

受限于天山冰川泥石流的长距离大高差特征（陈宁生和王旭，2002；陈宁生等，2009），在考虑流域面积、山坡坡度、沟道长度、相对高度、沟床比降、沟道弯度和沟谷发育程度等因素后，本章主要分析冰川泥石流在千米级运动过程中的淤积动力学特征，聚焦于泥石流沟谷弯道超高、不同时间空间的泥石流流速和基岩力学行为等。

6.1 基于天山岩心分级的 H-B 准则参数研究及应用

冰碛物失稳主要作用在基岩滑移面上，因此对基岩的岩体力学参数，尤其是弹性模量研究极为重要，根据弹性模量可以估算出其他岩体力学参数。以 Hoek-Brown（以下简称 H-B）强度准则为基础的岩体力学参数估算方法是目前最完善的方法之一（Hoek et al.，2002a；宋建波等，2002；Li et al.，2005；苏永华等，2009）。该方法以室内岩石力学试验为基础，综合考虑岩体地质背景，将岩块力学参数进行修正后换算成岩体力学参数，可以很大程度满足各种基础工程建设需要（Hoek et al.，2002b）。

地质强度指标（geological strength index，GSI）是 H-B 准则中的重要参数，特别适用于变质岩岩体及非均质岩体野外现场描述。但在 GSI 取值表中，结构面表面特征的描述缺乏可量测的典型参数，同时也缺乏结构面间距的限定或级别，使得 GSI 取值主观性影响过大，特别是对于经验很少的岩土地质工作者来说更是如此（卢书强和许模，2009）。

为此，不少学者尝试引进参数来对 GSI 取值表进行定量化研究。H. Sonmez 和 R. Ulusay 提出了对 GSI 系统进行量化取值，并不断对量化 GSI 系统进行修正和应用（Sonmez and Ulusay，1999）。Marinos 和 Hoek（2000）、Cai 等（2004，2007）对 GSI 的实际操作取值都提出了自己的意见。Hoek（2002）推出了 RocLab 软件，使该方法智能化，为该准则的推广使用奠定了良好的基础。针对 GSI 的量化研究，苏永华提出了块度指标和风化指数来辅助 GSI 取值，赵坚针对新加坡片麻岩进行了动力实验，并对准则的 GSI、m、s 参数动态进行研究等。

钻探是工程勘察的主要手段，该方法能够把地下断层、节理、地下水等各种信息揭露出来（孙广忠，1988；程谦恭，1999），而目前国内外基于钻探的场地岩体力学参数研究很少。本节的目的是建立一个基于钻探岩心的通用 GSI 取值表，以期使本表在钻探工程中适用于绝大部分岩性，方便野外进行场地岩体参数研究，避免个人主观因素的影响，并结合弹性模量的计算来验证其科学性。

　　图 6-2 没有统计碎裂的岩心，只统计了完整岩心（$h>1cm$），可以看出在不同风化程度的岩体中，RCL 有明显差异，该图根据工地 40 个钻孔的岩心统计得出（纵坐标表示不同结构岩心的数量占所有岩心数量的比例），3～10cm 两种风化程度岩体的 RCL 岩心比例逐渐增大，对于微风化片麻岩而言，不同的 RCL 均有分布，且集中分布在层状结构（10～30cm）和碎裂结构（3～10cm）两种结构的岩心上，比例都在 48% 左右，而中风化片麻岩岩心集中分布在碎裂结构范围（3～10cm），即 RCL 能科学反映岩体结构。

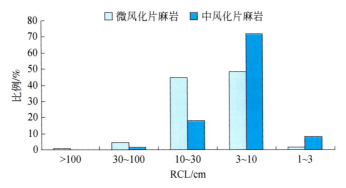

图 6-2　不同风化程度片麻岩的 RCL 分布情况

　　图 6-1 中代表不同岩体结构的露头素描图意义不大，笔者将在钻探中利用典型完整岩心照片代替图 6-1 中的素描图。在将近 7000m 的岩心照片中挑选出 6 张与表 6-1 各种特征吻合较高的岩心箱照片来代替图 6-1 中的素描图，分别代表不同岩体结构的岩心，从而更加直观，如图 6-2 第一列所示。由该列可以看出不同结构的岩心，其 RCL、RQD、采心率等特征差异明显。

　　本节的 RCL 根据岩体结构分成 6 个等级的同时，为了方便取值，在每个等级的内部再分成不同的亚级，如图 6-3 第三列所示，关于划分依据，作者参考了 Sonmez 和 Russo 关于岩块体积参数的研究。钻探工程中利用这个对应关系，在 GSI 取值表中增加 RCL 参数来帮助 GSI 取值，可以很大程度避免主观性的影响。

　　岩石受到力的作用形成的破裂面或裂纹称为节理，它是破裂面两侧的岩石没有发生明显位移的一种构造，按成因可将其分为原生节理、构造节理和表生节理。目前关于节理研究最多的是节理的张开度、填充情况、充水情况和粗糙程度，而岩心能把各种节理信息揭露出来。

　　Q 系统中 J_r/J_a 代表岩块间的抗剪强度，反映节理壁或节理充填物的粗糙度和摩擦特性；在结构面特征上，本节将参考 J_r、J_a 和其他节理面参数一起来定量化研究。参考卢书强和许模（2009）、苏永华等（2009）的研究成果和各种主要节理参数，本节引进节理条件 J_c 研究岩体中的节理尺寸及充填物、节理面的粗糙度、节理面的风化及蚀变程度。节理面的粗糙度 R_r（roughness ratings）、风化程度 R_w（weathering ratings）及充填物状况 R_f（infilling ratings）分别给出分级取值，而 J_c 的取值即这三者的累加，即

$$J_c = R_r + R_w + R_f$$

式中，R_r、R_w、R_f 的取值参考表 6-2。

表6-2　R_r、R_w、R_f 的取值标准

粗糙度	R_r	风化程度	R_w	张开度、充填情况及蚀变情况	R_f
很粗糙	6	新鲜岩	6	张开度<1mm，无充填物	6
粗糙	5	微风化	5	硅质或铁质充填厚度<5mm	4
较粗糙	3	中风化	3	硅质或铁质充填厚度>5mm	3
光滑	1	强风化	1	泥质或钙质充填厚度<5mm，有蚀变矿物绿泥石	2
镜面擦痕	0	全风化	0	泥质或钙质充填厚度>5mm	0

将节理条件作为参数来限制 GSI 取值也是一个很好的办法，作者主要通过量化参数取值来研究 GSI，J_c 根据节理面分为 5 级，根据表 6-2 的取值，节理总值为 18，分成 5 级，每级 J_c 差额为 3.6，每级再分成以 1.2 为单位的亚级，分布在 5 个等级内部，从而方便计算，具体结果如图 6-3 中右上侧第三行所示，同样，为了使本节的研究更具有操作性和工程实践意义，本节收集了 5 种典型节理面的野外照片，如图 6-3 右侧第二行所示。

综上所述，岩体结构用 RCL 分 6 级来限制，结构面用 J_c 分 5 级来限制，利用各个等级内部进一步细分的结果，结合典型岩心照片，得出新的基于钻探的 GSI 取值表，如图 6-3 所示。

图 6-3 第一列第 1 张照片中，由于岩心长度过长，所以岩心箱装不下，以人为参照物，人高 175cm，后面 4 张照片分别放在 4 个岩心箱里分析，基本上一个岩心箱代表一个典型段岩体的特征，从整体结构岩心到剪切破坏结构的岩心，图 6-3 中岩体结构的不同岩心照片表示的岩心采取率、RQD 随等级不同而明显变化，五级与六级岩体采心率相对低，另外，现场描述的各种结构岩心的采心率、RQD 等特征也是一个很好的佐证（图 6-3 中第二列），图中的 N/A 也表示不适用。

6.1.2　基于 H-B 的基岩弹性模量计算

H-B 准则是 E. Hoek 等在参考格里菲斯经典强度理论的基础上，通过大量试验，利用试错法推出岩体各种参数的估算公式，在 1980 年提出的岩体非线性破坏经验准则，而后世界各地学者根据工程实践对其不断进行改进，直到 2002 年通用破坏准则的出现使该法则更符合实际。即岩块和岩体破坏时主应力之间的关系为

$$\sigma'_1 = \sigma'_3 + \sigma_{ci}\left(m_b\frac{\sigma'_3}{\sigma_{ci}} + s\right)^a \tag{6-2}$$

$$m_b = m_i \exp\left(\frac{\text{GSI}-100}{28-14D}\right) \tag{6-3}$$

$$s = \exp\left(\frac{\text{GSI}-100}{9-3D}\right) \tag{6-4}$$

$$a = \frac{1}{2} + \frac{1}{6}\left(e^{-\text{GSI}/15} - e^{\frac{-20}{3}}\right) \tag{6-5}$$

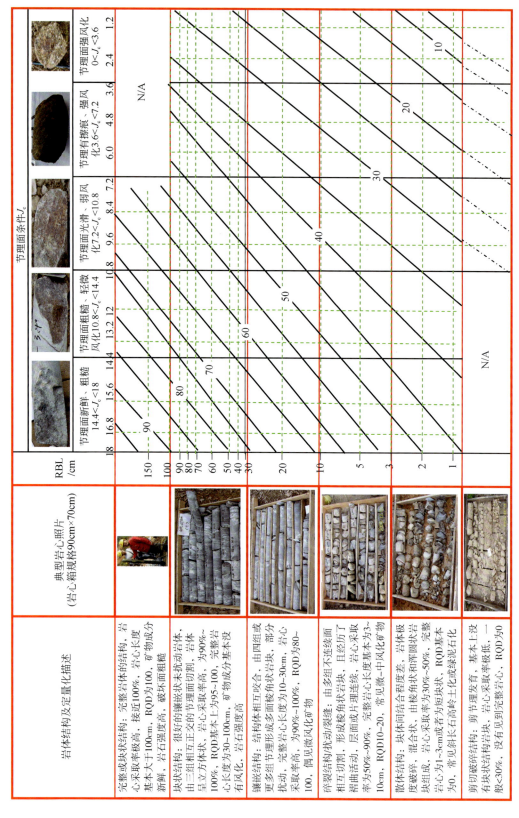

图 6-3 基于岩心的通用 GSI 评估表

式中，σ'_1、σ'_3分别为岩体破坏时的最大、最小主应力；σ_{ci}为岩块单轴抗压强度；m_b和s均为经验参数；m_b为m_i关于 GSI 的表达式，m_i为组成岩体的完整岩块的 H-B 常数，在RocLab 中 m_i 的取值跟岩石的种类有关，还可以考虑岩体结构进行取值。s 反映岩体破坏程度，其取值范围在 0～1，对于完整岩块来说 $s=1$，即岩块的抗压强度；对于裂隙岩体来说，必有 $s<1$，D 为扰动因子，在不同扰动情况下取值不同。

以式（6-2）～式（6-5）为基础，可推导出岩体各种参数的估算公式，如岩体参数 E的估算公式为

$$E(\mathrm{GPa}) = \left(1 - \frac{D}{2}\right) \cdot \sqrt{\frac{\sigma_{ci}}{100}} \cdot 10^{[(\mathrm{GSI}-10)/40]} \tag{6-6}$$

由上面的公式可以看出，GSI 在该理论里面是一个基础参数，下面将利用 GSI 图和式（6-6）来进行计算和验证。下面将结合图 6-3 中的 GSI 表和式（6-6）来验证本节研究成果。

为了验证本节关于 GSI 方面研究的科学性，笔者利用图 6-3 进行 GSI 取值，天山地区总共选择 15 个微风化片麻岩的样品进行取值研究，各个样品的 RCL 和 J_c 根据工地现场取值，其 GSI 和岩体弹性模量计算过程见表 6-3。每个样品分别用图 6-3 与图 6-1 进行取值（图 6-4），紫色的圆代表用图 6-1 取值，黑色的圆代表用图 6-3 的研究结果来进行取值，从图 6-3 中可以看出黑色的取值可能误差明显比紫色的圆、小。由此可以看出图 6-3 相比于图 6-1 在 GSI 取值方面的优越性，RCL 和节理参数的限制使得 GSI 取值过程中个人主观影响变小。

表 6-3　基于岩心分级的天山路基基岩岩体弹性模量估算

天然抗压强度/MPa	节理条件			RCL/cm	GSI	E/GPa
	粗糙度	充填情况	风化情况			
29	2	4	3	16	44	1.91
72.6	2	4	3	6	35	1.80
72.8	2	4	3	9	40	2.40
56.85	2	3.5	3	11	38	1.89
32.52	3	3	2	6.8	34	1.14
63	2	4	3	8	34	1.58
62.8	2	4	3	8	38	1.99
75.3	2	4	3	5	33	1.63
70.2	2	4	3	9	36	1.87
77.2	3	3	3	8	33	1.65
51.3	2	3.5	3	7	35	1.51
65	2	4	3	5	34	1.60
69	2	4	3	9	35	1.75
57	3	3	3	8	33	1.42
60	2	3.5	3	7	35	1.63

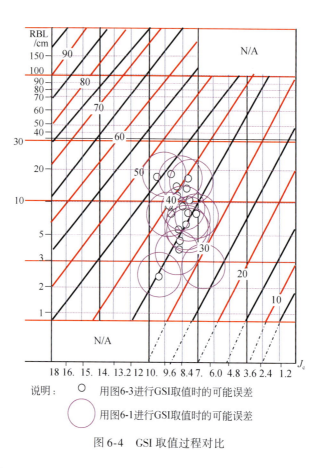

图 6-4　GSI 取值过程对比

不少研究表明，H-B 准则会过高地评价岩体强度，如果计算科学的话，会偏保守 10% 左右，而从本节的计算结果（表6-3）来分析，天山地区微风化片麻岩弹性模量平均值分别比勘察单位给出的高 0.19GPa，高出的幅度与前人研究结果接近，说明本节计算结果是科学、合理的。

在钻探工程里，国外研究 GSI 时关于岩块体积方面的研究不少，但是在钻探工程中岩块体积和岩块长度的意义是一样的，因此，RCL 是一个典型实用的参数；结合天山公路工程钻探现场岩心的 RQD、采心率等特征，应用效果更佳。

图 6-1 中关于岩体结构，E. Hoek 给出的是素描图，在钻探工程中不适用，笔者用典型的岩心箱照片来代替，表征岩体结构时更适合钻探工程，而且本节也相应收集了典型节理面的岩心，这两组照片不仅直观，而且使本节在钻探岩心的力学参数研究中更具有操作性。

本节有必要论述 RQD 和 RCL 对于本节研究的意义，RQD 在钻探岩心中已经被广泛使用很久，但是该值一般是对于整个钻孔或某一段岩心进行统计分析，一个钻孔中的不同部位可能由于受到风化影响，RQD 差异很大，而场地岩体力学参数的估算是相对于具体部位岩体而言的，为了使岩体和岩心的研究针对性更强，本节使用 RCL 更具有操作性。

另外，还需要注意天山变质岩基岩的节理产状对 RCL 的影响，因为钻孔岩心的长度是由场地岩体结构面空间分布及取心方向共同决定的。例如，假设层状岩体岩层的厚度为20cm，倾角分别为90°、60°和0°，可以得出三种不同岩层倾角条件下本节的 RCL 取值分别为无穷大、40cm 和 20cm。CSNS 工程节理产状受区域控制明显，稳定在 75°左右，因此，本节的研究成果基于产状稳定的情况。对于产状变化对 RCL 影响的情况还得进一步研究。

不少研究表明，H-B 准则会过高地评价岩体强度，特别对于非硬岩（Marinos and Hoek，2000），本节弹性模量的计算结果也证明了这点。另外要注意，当岩体中包含一条规模更大、更长的结构面，或结构面中有较多断层泥充填时，则不能直接应用 H-B 准则。只能在计算其他几组结构面切割形成的岩体强度后，用预测含一组结构面岩体强度的方法进行估算。

本书在天山基岩钻探中对 H-B 准则的通用 GSI 参数进行量化研究（Catrin，2004；Reza et al.，2009），并结合量化参数引进典型岩心照片，使研究成果（图 6-4）比 Hoek 的结果（图 6-1）直观明了，操作性强，该图值得在钻探场地中推广使用，适合公路建设运营中钻探初期场地岩体力学参数（岩体强度、弹模、内聚力等）评估。

在钻探中借鉴 Q 系统各参数的物理意义，笔者引进的完整岩心长度 RCL 参数，能够反映节理间距、节理走向、节理组数及节理强度等特征，在区域节理产状比较稳定的情况下，结合工地现场总结了 6 种岩体结构与 6 种 RCL 级别的对应关系，在每级 RCL 内部进行细分，为 GSI 岩体结构定量化取值奠下基础。

天山基岩节理面粗糙度、填充情况及其表面特征是反映结构面的主要参数，根据这 3 个参数把结构面特征划分为 5 个等级，在每个等级内部也根据取值再进一步划分，并提供了典型岩心照片，为 GSI 结构面定量化取值奠下基础。

弹性模量是岩土工程勘察的重要参数，本节根据 H-B 准则和钻探岩心的 GSI 来估算，是一种新的工作方法，而且经验证其估算精度较高；该方法对天山地区基岩的岩体力学参数估算起到了积极作用。

6.2　冰碛物沟谷弯道搬运冲坑超高

高差决定着泥石流的势能大小，高差越大，泥石流动力条件就越足，千米级高差是天山、昆仑山和喜马拉雅山脉上冰川泥石流区别于大陆其他地方泥石流的主要外在特征。高差和沟床比降是泥石流物质由势能转化为动能的底床条件，它的大小同时影响着沟道汇流和径流冲刷能量的大小，是影响泥石流形成和运动的重要因素。

在弯道上运动着的泥石流体做曲线运动（陈宁生和张飞，2006），必然会受到惯性离心力的作用。泥石流为了平衡此惯性离心力，通过自适应调整而产生横向环流，使得凹岸的泥石流流位高于凸岸的流位（图 6-5 和图 6-6）。下面对弯道内单位宽度的泥石流体进行超高计算分析。

在横断面图中选取单位泥石流柱进行受力情况分析，在弯道中取一单位底面积且高度为 h 的泥石流柱进行分析，所受到的力有惯性离心力：

$$F = \left(h + \frac{J}{2} \right) \frac{k_d \gamma u^2}{Rg} \tag{6-7}$$

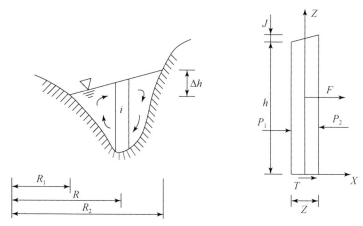

图 6-5　泥石流搬运过程横向环流内单位流体受力示意图

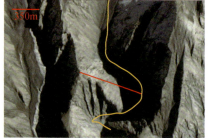

图 6-6　K636 最大冲刷位置现场图及遥感示意图

泥石流受到的水压力：

$$p_1 = \frac{1}{2}\gamma\, h^2 \tag{6-8}$$

$$p_2 = \frac{1}{2}\gamma\, (h+J)^2 \tag{6-9}$$

式中，R 为弯道半径（m）；γ 为泥石流体容重（N/m³）；k_d 为动能校正系数；J 为条块泥位差（m）；u 为泥石流体平均流速（m/s）；

泥石流受到的摩擦阻力如下。

令沟床对泥石流体的摩擦角为 φ，则

$$T = \gamma\left(h+\frac{J}{2}\right)\tan\varphi \tag{6-10}$$

根据泥石流柱的静力平衡条件得

$$p_1 + F + T = p_2 \tag{6-11}$$

则

$$\left(h+\frac{J}{2}\right)\left(\frac{k_d u^2}{Rg}+\tan\varphi\right) = hJ + \frac{1}{2}J^2 \tag{6-12}$$

令

$$M_0 = \frac{k_d u^2}{Rg} + \tan\varphi$$

则

$$M_0\left(h+\frac{J}{2}\right) = hJ+\frac{1}{2}J^2 \tag{6-13}$$

求解得

$$J = \frac{1}{4}M_0 - h + \sqrt{M_0 h + \left(h - \frac{1}{4}M_0\right)^2} \tag{6-14}$$

由于 $J = \dfrac{\mathrm{d}h}{\mathrm{d}R}$，则弯道泥石流流位超高值 Δh 为

$$\Delta h = \int_0^R J \mathrm{d}R \tag{6-15}$$

泥石流冲刷坑计算能有效反映冰碛物在运动过程中的动力特征，冰碛物流体对泥石流沟的冲刷深度受到两个因素的制约，一是泥石流体的性质和流动状态，二是沟床内松散物质自身的稳定性。泥石流体不同于一般的流体，具有较大的黏滞性且含有大量的固体颗粒，这种特性强化了冰碛物流体的冲刷作用。泥石流冲刷凹岸，在断面上将产生横向环流，沟内流速重新分布（图6-7）。弯道中表层泥石流体的横向流速指向凹岸，底层流体指向凸岸。横向环流越强烈，沟内横断面的冲淤特征越明显。弯道凹岸冲刷坑的计算一般采用下列经验公式：

$$t = \frac{0.17q}{\sqrt{D}\left(\dfrac{H}{D}\right)^{\frac{1}{6}}} \tag{6-16}$$

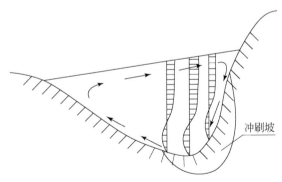

图 6-7　泥石流冲刷坑示意图

式中，t 为由沟床底算起的冲刷坑深度（m）；q 为泥石流沟单宽流量（m^3/vm）；D 为泥石流固相颗粒的平均粒径（m）；H 为泥深（m）。

泥石流暴发突然，流速很快，对沟岸弯道的改造十分强烈。泥石流对弯道的冲刷（图6-8 和图6-9）大约从弯顶起开始沿凹岸向下游移动，到出口断面附近。冲刷深度沿着凹岸弯顶开始加深，形成逐渐加深加宽的冲沟，在出口断面附近形成深度及宽度都最大的冲刷坑，之后冲刷坑深度及宽度逐渐减小直至消失。冲刷长度受到多个因素制约，如泥石流沟弯道半径 R、弯曲角度 θ、沟槽的宽度 B，以及泥石流流体的性质和沟床比降等。

图 6-8　2017 年 7 月 7 日和 7 月 12 日海拔 2400m 的沟谷地表水出露情况
（泥石流暴发致灾时间为 2017 年 7 月 15 日）

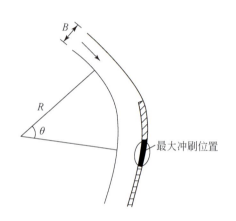

图 6-9　沟岸冲刷位置及冲刷范围

　　弯道坍岸的位置一般受泥石流体动力轴线的变化所支配，且与弯道的弯曲半径密切相关。泥石流体动力轴线高水期间趋中，顶冲点在弯顶以下；枯水期间，动力轴线于弯顶处贴岸，顶冲点上提，因此这里的坍岸强度最大。

6.3　固液耦合滑体的侵蚀坡度效应

　　天山山脉大量冰碛物物源影响着泥石流活动的频率；物源分布受到岩性、高程、坡向、坡度和构造的影响，物源转化为泥石流的过程中，坡度与坡面物源启动具有重要关系。相同降雨条件下，坡度不同产生的坡面物源侵蚀程度也存在较大差异，因此，本节主要介绍固液两相的冰碛物滑体在搬运和下冲过程中的坡度效应。

　　在天山的冰川融化和降雨过程中，斜坡表径流是坡面物源侵蚀的重要因素。斜坡坡面径流是介于层流与紊流之间的混合水流。坡面流深度小，没有传统意义上的水流边界，一般基于动量守恒和能量守恒的一维方程组来描述：

$$\left.\begin{array}{l} \dfrac{\partial h}{\partial t}+v\,\dfrac{\partial h}{\partial x}+h\,\dfrac{\partial v}{\partial x}=q \\[3mm] \dfrac{\partial v}{\partial t}+v\,\dfrac{\partial v}{\partial x}+g\,\dfrac{\partial h}{\partial x}+q\,\dfrac{v}{h}+g(S_\mathrm{f}-S_0)=0 \end{array}\right\} \tag{6-17}$$

式中，t 为时间；x 为距离；h 为径流深度；v 为径流流速；q 为净雨量；S_0 为坡面平均坡度；S_f 为摩擦坡度；g 为重力加速度。

D. A. Woolhiser 和 J. A. Liggelt 采用运动波近似假设对式（6-17）进行简化，得到 $S_\mathrm{f}=S_0$。简化过程在 D. A. Woolhiser 和 J. A. Liggelt 的文献中有详细叙述，这里不再赘述。同时，刘青泉等采用运动波理论对室内坡面流试验数据进行数值模拟，得到了运动波近似理论，并可以较好地模拟坡面降雨产流过程。对于一般河道坡降较小，有 $\cos\alpha\approx1$，所以 $S_0\approx\sin\alpha$；然而，天山泥石流物源坡面坡度较大（$40°\sim50°$），当 S_0 表示坡面平均比降时，应为 $\tan\alpha$，而不是 $\sin\alpha$，因此可得

$$S_\mathrm{f}=S_0=\tan\alpha \tag{6-18}$$

地表径流深度 H 与降雨强度的关系（张世殊等，2016）可表示为

$$H=\frac{\left[\,nx(P_i\cos\alpha-f)\,\right]^{0.6}}{S_\mathrm{f}^{0.3}} \tag{6-19}$$

形成坡面流的前提是融雪降水量大于地下水在冰碛物中的入渗量，且会随着时间增加。有 $P_i\cos\alpha-f=(P_i-f)\cdot(1-\cos\alpha)$，其中入渗率 f 会逐渐减小，直至为 0（达到饱和），即 $f\rightarrow0$，由于 $f(1-\cos\alpha)$ 的值远小于 $(P_i-f)\cos\alpha$ 的值，所以可忽略 $f(1-\cos\alpha)$，即可得 $P_i\cos\alpha-f\approx(P_i-f)\cos\alpha$，即式（6-18）和式（6-19）可以改成：

$$H=\frac{\left[\,nx(P_i-f)\,\right]^{0.6}\cos^{0.9}\alpha}{\sin^{0.3}\alpha} \tag{6-20}$$

式中，n 为坡面粗糙率；x 为径流距离；P_i 为等效雨强；f 为入渗率；α 为斜坡坡度。当 $\alpha\in\left[0,\dfrac{\pi}{2}\right]$ 时，地表径流深度对斜坡坡度的导数：

$\dfrac{\mathrm{d}H}{\mathrm{d}\alpha}=\left[\,nx\,(P_i-f)\,\right]^{0.6}\cdot\dfrac{-0.9\sin^2\alpha-0.3\cos^2\alpha}{\sin^{1.3}\alpha\cos^{0.1}\alpha}<0$，说明独库公路泥石流沟的地表径流深度随着斜坡坡度的增大而减小，图 6-10 和图 6-11 显示了 K636 不同海拔不同坡度的滑体龙头地表水出露情况，在坡度较缓区域，地表水相对丰富，与地表径流深度对斜坡坡度的导数结果一致。

采用均匀流 Manning 公式进行坡面流速分析，则距离 x 处的坡面平均流速为

$$v=\frac{1}{n}H^{\frac{2}{3}}S_\mathrm{f}^{\frac{1}{2}} \tag{6-21}$$

将式（6-20）代入式（6-21）中可得

$$v=\frac{1}{n}\left[\,nx(P_i-f)\,\right]^{0.4}\sin^{0.3}\alpha\cos^{0.1}\alpha \tag{6-22}$$

令 $k=\dfrac{1}{n}\left[\,nx\,(P_i-f)\,\right]^{0.4}$，则式（6-22）可简化为

图 6-10　独库滑体龙头地表径流现状（$H = 2950$m，坡度 42°，2017 年 6 月）

图 6-11　滑体沟谷地表径流现状（$H = 2400$m，坡度 35°，2017 年 6 月）

$$\frac{v}{k} = \sin^{0.3}\alpha\,\cos^{0.1}\alpha \tag{6-23}$$

结合式（6-22）可以看出，坡面流体流速与坡度具有非线性关系，并与降雨强度、堆积体入渗率、距离坡顶的距离、坡面糙率等因素相关。

将天山融雪、降雨形成的坡面径流对坡面堆积物源的冲蚀现象定义为坡面侵蚀。一方面坡面流体提供了堆积体侵蚀的动力，另一方面物源自身抗冲刷（抗侵蚀）能力促进了物源稳定性，所以坡面物源启动的理论判据是冲刷作用力大于抗冲刷作用力。在一定坡度区间内，坡面物源侵蚀量随着坡度的增大而增大，当斜坡坡度超过一定临界值时，侵蚀量反而与坡度呈反比例关系。

冰川融雪和降雨在泥石流沟谷的活动受表面冰碛物松散物储量、侧蚀量、沟谷堵塞情况等的影响。图 6-10 显示了天山公路 K636 沟谷不同高程地下水出露情况，其中图 6-10a 显示的是海拔 2950m 处的地表水出露情况，可以看出 2017 年 6 月 23 日，$H = 2950$m 处地表松散物并未完全饱和，没有地表水出露，但是两侧的断口有水滴出现，通过目测 $H = 3200$m 处两侧的冰碛物，也无地表水出露。

$H=2400\mathrm{m}$ 处有地表水出露，通过观测发现水流速为 0.5m/s，流量为 0.15m³/s，但是在 $H=2300\mathrm{m}$ 处，受制于两侧的松散冰碛物垮塌，没有地表水出露，因为沟谷堵塞抬高 2~4m，堵塞冰碛物颗粒粒径长轴普遍在 10~30cm，地表水流到 $H=2300\mathrm{m}$ 处，下渗到冰碛物下面，在 $H=2200\mathrm{m}$ 处又有地表水出露。

独库公路海拔 2950m 处坡度为 42°，2017 年 6 月 23 日通过现场试验发现径流深度约为 1.715m，而海拔 2400m 处的泥石流沟坡度为 35°，现场试验发现径流深度约为 2.01m，现场的试验结果与计算结果接近，一方面说明冰碛物堆积体的地表径流深度随着斜坡坡度的增大而减小，另一方面反映了在高海拔地区，地表径流深度总体比流通区或冲出区都深，地表水出露基本在低海拔地点才出现，尤其在汇水区，地表水径流量和径流速度明显提高，尤其是汇流至奎屯河时。

6.4　天山不同融冻阶段泥石流流速

独库公路当夏季气温升高时（图 6-12），冰川与积雪加速消融，冰雪水流汇集于冰碛冲沟内，并对冲沟边岸产生强烈侵蚀和掏挖，冲沟两岸的冰碛物失去稳定而发生崩塌、错落及滑坡等不良物理地质现象，它们堵塞沟道，并形成暂时性天然拦挡坝。随着水位的升高或者降雨诱发，静水压力和动水压力迅速增大，并使堵塞体失去稳定性而发生溃决。

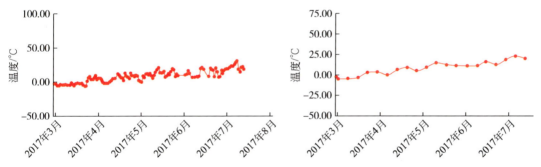

图 6-12　独库公路 2017 年致灾前 3~7 月日平均、周平均温度变化趋势

通过对新疆奎屯河源大陆性冰川区冰川泥石流形成过程进行观测，发现在冰碛堵塞体溃决的刹那，冰碛物主要以两种方式启动：第一种为牵引式，即在地形陡峻和沟床纵坡较大时，少量的壅塞水体就能使壅塞水体沿坡面滑动，冰碛在前，水体在后，形似前者在牵引后者流动，往往形成黏性泥石流，冰碛做整体性流动。

第二种为推移式，即靠水动压力推动冰碛堵塞体在较缓的沟床上运动。水流冲蚀冰碛堵塞体，使其稀释淡化而形成稀性泥石流，冰碛在泥石流体中上下紊动，流态呈紊动流。

无论是黏性冰川泥石流，还是稀性冰川泥石流，均以比同样冰雪融水大数倍乃至十几倍的流量沿着沟床迅猛下泄，最后在沟外地势平缓处发生堆积而形成冰川泥石流堆积扇，从而完成由冰碛到冰川泥石流堆积转化的全过程。

表 6-4 为根据现场调研提炼的冰川泥石流种类与流体特征，主要从固体物质体积、质量、流动状态、堆积特征及其危害作用等方面分别论述。黏性泥石流和稀性泥石流在流动

状态下有较大的差别，黏性泥石流主要呈伪一相层状流或强烈紊动流，有时呈整体运动状态，无垂直交换，浆体浓稠，浮托力大，流体具有明显的铺床减阻作用和阵性运动，流体直进性强。稀性泥石流紊动强烈，固液两相做不等速运动，有垂直交换，石块流速慢于浆体，呈滚动或跃移状，泥浆体混浊，阵性流不明显，水与浆体沿程易离析漏失。

表 6-4　天山冰川泥石流种类与流体特征

性质	黏性泥石流	稀性泥石流
固体物质体积质量/%	>50	<50
容量/（t/m³）	1.80~2.3	1.30~1.80
黏度/（Pa·s）	>0.3	<0.3
静切力/Pa	0.5~20.0	0.05~0.5
形成特点	主要物质由冻融破坏冰碛物、侧蚀、沟蚀提供，以黏土、粉砂、砾石、块石等固体物质在土力或水力作用下形成	物源源自冻融破坏冰碛物、沟蚀、崩滑，由砾石、粗砂及少量粉砂黏土组成，多在水力作用下形成
流动状态	呈伪一相层状流或强烈紊动流，有时呈整体运动，无垂直交换，浆体浓稠，浮托力大，流体具有明显的铺床减阻作用和阵性运动，流体直进性强，弯道爬高明显，浆体与冰碛物大块体掺混好，沿程基本不离析，流路上有残留层	紊动强烈，固液两相做不等速运动，有垂直交换，石块流速慢于浆体，呈滚动或跃移状，泥浆体混浊，阵性流不明显，水与浆体沿程易离析漏失
堆积特征	呈无分选泥砾混杂堆积，平面上呈舌状，起伏不平，沉积物内部无明显层理，但剖面上可明显分辨不同场次泥石流的沉积层面，沉积物内部有气泡和泥球，大石块磨圆度极差	堆积物有一定分选性，平面上呈垄岗状堆积，沉积物以粗粒物质为主，内部无气泡，也少有泥球。大石块有一定磨圆度
特性危害作用	泥石流来势猛，冲击大，直进性强，弯道超高大，对建筑物的破坏作用大，堆积区漫流堆积造成淤埋危害	流通区多侧蚀、磨蚀、冲击破坏作用，堆积区扩散漫流造成淤埋危害
减灾要点	由于搬运距离和高差大，流通区侧重防冲击和爬高，堆积区防淤埋	沟道侧重防侧蚀与冲击冲剧；堆积扇防止慢流，并尽可能安全排泄

查阅国内外的研究成果（杨三强，2007）后发现，目前各国专家学者对于泥石流冲淤运动方程的研究尚未建立完善的理论体系。既有成果多从观测资料出发建立一些地区性的经验公式，具有鲜明的地区性。

受限于冰碛物物源、千米级高差与搬运距离地貌特征，以及雪水外界诱发 3 个主要因素，本节主要从经典稀性泥石流、黏性泥石流流速计算方法出发，对冰川沟谷粗糙系数进行研究提炼，对天山冰川泥石流不同阶段进行分析。

6.4.1　天山稀性泥石流流速

对于稀性泥石流，铁路、市政和房建等部门都有自己的研究成果（陈宁生等，2009c；施雅风，2010），但是都对短距离或坡降低的泥石流开展相应工作，通过对国内外稀性泥石流流速进行调研，发现流速主要为清水阻力系数、水力半径和沟床比降的函数，其中沟床比降在不同的泥石流沟中变化较大。

天山地区的稀性泥石流（图 6-13）主要发生在春初 4~5 月，因为 4~5 月温度开始回升而冰川融化，表 6-5 显示了天山公路沿线 2017 年的降雨情况，可以看出整个独山子2017 年月降水量超过 20mm 的月份主要集中在 4~8 月。

图 6-13　稀性泥石流

表 6-5　2017 年天山公路沿线气象站各月及年降雨量　　　单位：mm

站名	1 月	2 月	3 月	4 月	5 月	6 月	7 月	8 月	9 月	10 月	11 月	12 月	全年
将军庙	2.7	3.4	8.4	20.1	29.2	47.1	44.5	29.4	14.2	8.6	5	4.9	216.5
独山子	5.9	5.3	8.5	21.9	27.1	20	33.7	24.5	17.2	14.8	11.8	8.7	199.4
巴音布鲁克	2.8	2.9	4.1	10.3	28	63.2	66.5	54.8	25.2	4.6	4.5	3.9	270.7

云南东川是国内研究长距离泥石流的著名地区，在苏联学者 M. Φ. 斯里勃内依、铁道部门和市政部门针对长搬运距离泥石流研究成果的基础上，结合天山冰川沟谷能量机制、地貌信息、侵蚀演化等特征对经典稀性泥石流进行修正。在计算稀性泥石流流速过程中，先总结出冰川泥石流的 RIOH-Lin. Bao 沟谷粗糙系数。

经典的长距离搬运泥石流流速：

$$v_c = \frac{m_c}{a} H_c^{\frac{2}{3}} I_c^{\frac{1}{2}} \tag{6-24}$$

式中，m_c 为 RIOH-Lin. Bao 冰川沟谷粗糙系数（表 6-6）；在天然泥石流沟谷，一般可以用平均水深 H_c 代替。v_c 为泥石流水流速度（m/s）；I_c 为泥石流沟床比降；a 为修正系数（陈洪凯等，2009），根据天山冰川泥石流特点得出修正系数 a 为

$$a = \sqrt{1 + \Phi_c \gamma_s} = \sqrt{\left[1 + \frac{\gamma_s(\gamma_c - \gamma_w)}{(\gamma_s - \gamma_c)}\right]} = \sqrt{\frac{\gamma_s \gamma_c - \gamma_c}{(\gamma_s - \gamma_c)}} \tag{6-25}$$

式中，γ_s 为泥石流体中固相颗粒的容重（kN/m³）；γ_w 为水的容重（kN/m³）；γ_c 为泥石流体平均容重（kN/m³）。

因此，改进后的天山冰川稀性泥石流流速公式为

$$v_c = m_c \sqrt{\frac{(r_s - r_c)}{(r_s r_c - r_c)}} H_c^{\frac{2}{3}} I_c^{0.5} \tag{6-26}$$

表 6-6　RIOH-Lin. Bao 冰川沟谷粗糙系数

类型	冰川沟谷特征	m_c 值		坡度/ (°)
		极限值	平均值	
1	季节性冰川面积占沟谷面积比例在 60% 以上，糙率最大的泥石流沟谷河段严重弯曲，断面很不规则，树木、植被、巨石严重阻塞河床。沟谷中堆积有难以滚动的棱石或稍能滚动的大石块（1~7m），沟谷被树木（树干、树枝及树根）严重阻塞，无水生植物，沟底以阶梯式急剧降落	3.9~4.9	4.4	0.60~0.37
2	季节性冰川面积占沟谷面积比例为 50%~60%，糙率较大的不平整的泥石流沟谷河段较顺直，河槽不平整，由巨石、漂石组成单式河床，大石块直径为 1.2~2.0m，平均粒径为 0.2~0.6m，或较为弯曲、不平整的 3 类河床。沟谷无急剧突起，沟谷内堆积大小不等的石块，沟谷被树木所阻塞，沟谷内两侧有草本植物，沟床不平整，有坑洼，沟底呈阶梯式降落	4.5~7.7	6.1	0.40~0.27
3	季节性冰川面积占沟谷面积比例为 40%~50%，较弱的泥石流沟谷有较大的阻力。河段较顺直，由巨石、漂石、卵石组成单式河床，大石块直径为 0.1~1.4m，平均粒径为 0.1~0.4m，或较为弯曲、不平整的 2 类河床。沟谷由滚动的砾石和卵石组成。沟谷常因稠密的灌丛而被严重阻塞，沟谷凹凸不平，表面因大石而突起	5.4~7.0	6.2	0.30~0.12
4	季节性冰川面积占沟谷面积比例为 30%~40%，流域在山区中、下游的泥石流沟谷。河段较顺直，由漂石、碎石组成单式河床，河床质地较均匀，大石块直径为 0.4~0.8m，平均粒径为 0.2~0.4m，或河段较弯曲、不平整的 1 类河床沟谷经过光滑的岩面，有时经过具有大小不等的阶梯跌水的沟床。在开阔河床有树枝，砂石停积阻塞，无水生植物	7.7~10.1	8.8	0.22~0.11
5	季节性冰川面积占沟谷面积比例小于 30%，流域在山区或近山区或近山区河槽。河段顺直，河床平整，断面为矩形或抛物线形的漂石、砂卵石或土质河床，平均粒径为 0.01~0.08m。河槽经过砾石、卵石河床，由中、小粒径与能完全滚动的物质所组成，河槽阻塞轻微，河岸有草木及木本植物，河底降落较均匀	9.8~17.5	13.7	0.19~0.02

　　2016 年 6 月 8 日连续升温和暴雨后，k636 发生稀性泥石流，土方量大约为 3000m³，平均水深为 2m 左右，根据现场观测，稀性泥石流流速为 2.2m/s，而根据修正好的天山长距离搬运和高差的稀性泥石流流速计算（表 6-7），结果为 2.54m/s，误差在 15% 以内，说明计算公式具有一定的科学性和应用前景。

表 6-7　独库公路 K636 海拔 2350m 稀性泥石流流速（以 2016 年 6 月致灾为例）

m_c	H_c	I_c	a	φ_c	γ_s	γ_c	γ_w
6.20	2.00	0.42	2.51	2.00	2.65	2.10	1.00

6.4.2   天山黏性泥石流流速

在经典长距离搬运的泥石流流速公式（6-24）的基础上，不同的融冻阶段其修正系数存在较大差异，黏性泥石流（图 6-14）在充分调研西藏波密古乡沟泥石流、东川大白泥沟泥石流、东川蒋家沟泥石流、甘肃武都地区泥石流等黏性泥石流基础上，发现影响黏性泥石流流速的主要为坡降、物源颗粒差异特征，沟谷泥石流影响水深和沟谷粗糙特征等。

图 6-14   黏性泥石流

根据这几个地区十多次泥石流 3000 多阵流观测资料进行分析，千米级搬运距离与高差的冰川黏性泥石流流速公式（中国科学院水利部成都山地灾害与环境研究所，2000；乐茂华等，2013）为

$$v_c = \frac{1}{n_c} H_c^{\frac{2}{3}} I_c^{\frac{1}{2}} \tag{6-27}$$

式中，n_c 为黏性泥石流沟床糙率（表 6-8）；其余物理量同前。

表 6-8   RIOH-Lin. Bao 天山黏性冰川泥石流糙率表

序号	泥石流体特征	沟床特征	糙率值	
			n_c	$1/n_c$
1	季节性冰川面积占沟谷面积比例在 50% 以上，流体呈整体运动；石块粒径大小悬殊，一般在 30～50cm，2～7m 粒径的石块约占 20%；龙头由大石头组成，在弯道或河床展宽处易停积，后续流可超越而过，龙头流速小于龙身流速，堆积呈龙岗状	沟内有巨石，沟床极粗糙，多弯道和大跌水，沟内不能通行，基本没有树木，人迹罕至，沟床流通段纵坡在 45%～60%，阻力特征属于高阻型	平均 0.270，$H_c > 2$m 时为 0.445	3.70 2.25
2	季节性冰川面积占沟谷面积比例为 40%～50%，流体呈整体运动；石块较大，一般石块粒径为 20～30cm，含少量 2～3m 的大石块；流体搅拌较为均匀；龙头紊动强烈，龙头和龙身流速基本一致；停积后呈龙岗状堆积	沟床比较粗糙，凹凸不平，石块较多，有弯道、跌水；沟床流通段纵坡 35%～50%，阻力特征属于高阻型	$H_c < 1.5$m 时为 0.05～0.033，平均 0.04；$H_c > 1.5$m 时为 0.05～0.100，平均 0.067	20～30 25 10～20 15

续表

序号	泥石流体特征	沟床特征	糙率值	
			n_c	$1/n_c$
3	季节性冰川面积占沟谷面积比例为 30%~40%，液体搅拌十分均匀；石块粒径一般在 10cm 左右，夹有个别 2~3cm 的大石块；龙头和龙身物质组成差别不大；在运动过程中龙头紊动十分强烈；停积后浆体与石块不分离，向四周扩散，呈叶片状	沟床较稳定，河床质较均匀，粒径 10cm 左右；受洪水冲刷，沟底不平而且粗糙，流水沟两侧较平顺，但干而粗糙；沟床流通段纵坡在 20%~40%，阻力特征属于中阻型或高阻型	$0.1\text{m}<H_c<0.5\text{m}$ 0.043 $0.5\text{m}<H_c<2.0\text{m}$ 0.077 $2.0\text{m}<H_c<4.0\text{m}$ 0.100	23 13 10
4	季节性冰川面积占沟谷面积比例为 20%~30%，流域在山区中、下游的泥石流沟谷。河段较顺直，由漂石、碎石组成单式河床，河床质较均匀，大石块直径为 0.4~0.8m，平均粒径为 0.2~0.4m，或河段较弯曲、不太平整的河床沟谷经过光滑的岩面，有时经过大小不等的阶梯跌水的沟床。开阔河床有树枝、砂石停积阻塞，无水生植物	泥石流铺床后原河床黏附一层泥浆体，使干而粗糙的河床变得光滑平顺，沟床流通段纵坡为 10%~20%，利于泥石流体运动，阻力特征属于低阻型	$0.1\text{m}<H_c<0.5\text{m}$ 0.022 $0.5\text{m}<H_c<2.0\text{m}$ 0.038 $2.0\text{m}<H_c<4.0\text{m}$ 0.050	46 26 20
5	季节性冰川面积占沟谷面积比例小于 20%，流域在山区或近山区或近山区河槽。河段顺直，河床平整，断面为矩形或抛物线形的漂石、砂卵石或土质河床，平均粒径为 0.01~0.08m。河槽经过砾石、卵石河床，由中、小粒径与能完全滚动的物质所组成，河槽阻塞轻微，河岸有草木及木本植物，河底降落较均匀	泥石流铺床后原河床黏附一层泥浆体，使干而粗糙的河床变得光滑平顺，沟床流通段纵坡小于 10%，利于泥石流体运动，阻力特征属于低阻型	$0.1\text{m}<H_c<0.5\text{m}$ 0.018 $0.5\text{m}<H_c<2.0\text{m}$ 0.026	56 38

2016 年 6 月 8 日连续升温和雨强达到 10mm/d 后，K636 发生黏性泥石流，土方量大约为 1000m³，平均水深为 1.85m 左右，根据现场观测，黏性泥石流流速为 2.03m/s，而根据修正好的天山长距离搬运和高差的黏性泥石流流速计算（表 6-9），结果为 2.23m/s，误差在 15% 以内，同样说明计算公式具有一定的科学性和应用前景。

表 6-9　独库公路 K636 海拔 2350m 黏性泥石流流速（2017 年 7 月）

η_c	H_c	I_c
0.40	1.85	0.35

长距离搬运冰川泥石流流速计算方法在国内外还有很多计算方程，如通过长期观测得到蒋家沟泥石流表面流速公式：

$$v_c = \frac{1}{2.405}\gamma_y\gamma_c\sqrt{g H_c I_c} \tag{6-28}$$

$$\gamma_y = p_c\gamma_s + p_d\gamma_s + \gamma_f(1-p_c-p_d) \tag{6-29}$$

式中，γ_y 为泥石流中土体的损失容重（kg/cm³）；p_c 为黏粒和粉粒所占的质量分数，可由泥石流中的土体颗粒频率曲线查取；p_d 为粉粒（0.05mm）与最大悬浮颗粒所占的质量分数，也可由土体颗粒频率曲线查得；其余物理量同前。

将黏性泥石流视为 Bingham 体，按 Bingham 流体阻力方程建立均匀流体运动参数方程，通过实验确定流变参数。泥石流 Bingham 流体表面流速计算公式为

$$v_c = \frac{(\rho_c H_c g \sin\theta - \tau_B)^2}{2\eta \rho_c \sin\theta} \tag{6-30}$$

式中，τ_B 为黏性泥石流体的屈服应力（Pa）；其余物理量同前。

根据泥石流沟弯道处两岸的泥位高差（表 6-10），建立泥石流流速计算公式为

$$v_c = \sqrt{\frac{\Delta H_c rg}{B_c}} \tag{6-31}$$

式中，r 为泥石流沟弯道中心线曲率半径（m）；ΔH_c 为两岸泥位差（m）；B_c 为沟槽泥面宽度（m）。

表 6-10　基于泥位超高法的独库公路 K636 海拔 2350m 流速公式（2017.7）

ΔH_c	r	g	B_c	v_c
2.00	2.00	9.80	6.90	2.38

泥石流流速受到的影响因素较复杂，目前很难有一个普适性的公式，全球各国、各行业结合诱发条件针对本地区（黄土、冰川、第四系冲洪积土、风化土等）均有一定的研究。对于千米级搬运距离和高差的冰川泥石流研究区域相对集中（以喜马拉雅、昆仑山和天山山脉一带为主），可以在经典长搬运距离泥石流研究成果（式 6-24）的基础上，结合区域特色、诱发因素进行修正后使用。

年份	月份	里程	致灾土方量/m³
2016	6.6	K636	30570
	6.15		23000
	7.6		12015
	8.8	K637	1800
2017	7.14（18：00～22：00）	K636	5000

通过遥感自动解译系统迅速输出冰川泥石流危险性分区后，图 7-1 有效显示了独库公路沿线与所在区域的冰川泥石流危险程度分区。在过去 40 多年灾害数据和现场调研的基础上，对重点单体边坡的高温临界、水力临界和位移临界进行独库公路冰川泥石流定性预警分级。

7.1　基于北斗系统的冰川泥石流致灾预警

7.1.1　北斗系统数据传输与通信布设

基于北斗的在线监测预警系统（图 7-2）由前端数据采集系统（野外一体化地灾监测

图 7-2　独库公路泥石流野外数据通信系统拓扑结构图

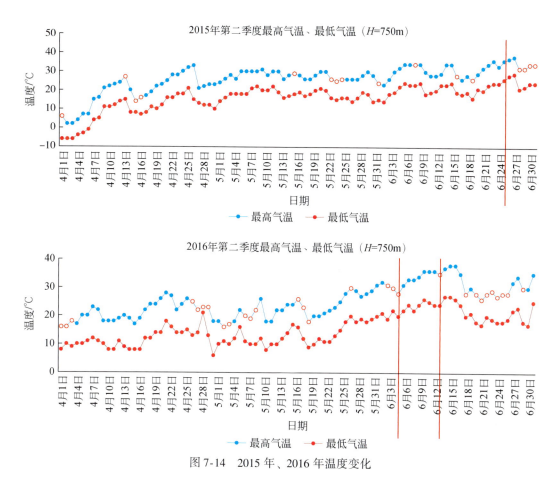

图 7-14　2015 年、2016 年温度变化

气温及其导致的冰川融化是冰川泥石流发育发展的重要控制性因素，温度决定冰川消融，图 7-12 ~ 图 7-14 显示的是 2013 年独库公路改扩建完成后每年发生泥石流时间与气温的关系，这 4 年共累计发生 5 次大型冰川泥石流，对沿线的道路保通、抢通造成了巨大的影响，2013 年显示的致灾温度是连续 6d 升温，在 6 月 11 日达到 32℃后，当天下午发生泥石流灾害，在连续高温前有 5d 连续降雨。同样 2014 ~ 2017 年都显示了在连续高温天气致灾过程中，连续高温前后都有降雨作为刺激因素存在。

7.2.3　气温致灾预警模型与分级

天山区域温度上升的缓急不仅影响融化径流的形成，同样也影响泥石流的形成和发展。不同的雪水使土体含水率不同，从而土体的内部结构、应力状况、抗蚀性、抗滑性等均有差异（庞恒茂，2013；王利等，2015）。不同的气温导致雪水融化，既影响清水产汇流，也影响固体物质的补给。

高温导致的雪水融化是冰碛物饱和和失稳的主要因素（杨青等，2006）。通过对天山公路沿线实测温度及示范点所在地区的历史高温导致泥石流灾害的有关资料进行分析，并结合 K636 区域历史上应该在当天气温及连续高温下发生泥石流而实际未发生泥石流进行回归分析，得出该区的临界高温，并主要分析有效高温模型：

$$T_n = (\sum_{i=0}^{n} T_i \cdot K^i)/n \tag{7-1}$$

式中，T_n 为前 n 天有效高温（℃）；T_i 为前 i 天有效高温；i 为前 i 天；K 为衰减系数，与天山泥石流沟地形地貌、地质条件、气候条件等多种因素有关，国际上对于沟谷型泥石流通常取 0.84。高温对冰川融化雪水作用周期相对较长，尤其是下渗到冰碛物和松散土体。上述模型对于连续高温、累积高温等情况均有良好的考虑。

当海拔 2200m 处的日最高气温达到 28 ~ 30℃时，可以利用该有效高温模型开始对冰川泥石流进行气温预警，一般 n 以 6 ~ 8d 为主，不超过 20d。

借鉴《高速公路路堑高边坡施工安全风险评估指南（试行）》（交安监发〔2014〕266号）和山区遥感分级的研究成果，基于指标体系法和重要度权重排序法的思路，在气温预警分级中也提出了预警分级和预警分值（表 7-2）。

表 7-2 基于连续有效高温模型的冰川泥石流气温预警分级（$H=2200$m）

T_n（连续有效高温）	危险特征与等级				是否预警
	遥感分区	危险等级	危险特征	预警分值	
$T_n<15°$	低危险区	Ⅰ	安全	0 ~ 24	否
	中危险区	Ⅰ	安全	0 ~ 24	
	高危险区	Ⅰ	安全	0 ~ 24	
$15°<T_n<25°$	低危险区	Ⅰ	安全	0 ~ 24	是
	中危险区	Ⅱ	中度危险	25 ~ 49	
	高危险区	Ⅲ	高度危险	50 ~ 74	
$25°<T_n<35°$	低危险区	Ⅱ	中度危险	25 ~ 49	是
	中危险区	Ⅲ	高度危险	50 ~ 74	
	高危险区	Ⅳ	极其危险	75 ~ 100	
$T_n>35°$	低危险区	Ⅱ	中度危险	25 ~ 49	是
	中危险区	Ⅳ	极其危险	75 ~ 100	
	高危险区	Ⅳ	极其危险	75 ~ 100	

33 年的历史灾害数据显示：20 世纪 90 年代稳定雪线在 3100m 左右时，其致灾冰川稳定表面温度平均为 18.7℃左右，以海拔梯度每提高 100m 气温降低 0.71℃类推，当海拔 3754m 的致灾温度为 18.7℃时，G217 在海拔 2200m 的里程 K636 致灾温度为 29.35℃左右，此时如果发生连续多天高温在此温度之上，则发生泥石流的概率大大提高。

通过有关于 K636 区域的多年资料发现，如果该区域（$H=2200$）连续 7d 左右温度达到 29.35℃左右（峰值可能超过 35℃），如图 7-15 ~ 图 7-16 所示，厚 30 ~ 50m 的冰舌末端产生大量冰崩，大量冰体坠落到比冰舌低 100m 的沟底，产生强烈消融，使沟内流量猛增，极易形成冰川泥石流。

2017年春夏独库公路K636（H=2200）泥石流致灾前平均日气温变化

图 7-15　2017 年独库公路 K636（H=2200）泥石流致灾前平均周气温和月气温变化

a. 周气温；b. 月气温

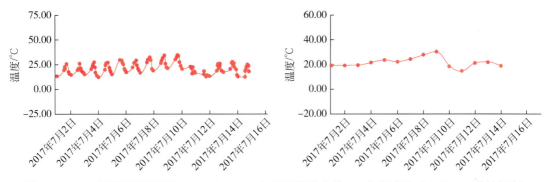

图 7-16　2017 年夏季独库公路 K636（H=2200）泥石流致灾前 15d 气温变化（2h 和 24h 传输频率）

连续高温导致冰川消融蒸发量较大，如果在连续高温过程中或连续高温前后出现降雨，则临界温度存在±5℃的变动幅度。即受夏季降雨影响，天山区域在目前的冰川面积和稳定雪线背景下，夏季泥石流致灾温度分布范围为 24.35～34.35℃。K636 在 1984～2017 年发生的几十次泥石流中，有 90% 是在高温天气条件下由于冰川发生冰崩和强烈消融而产生的，多发于傍晚和夜间，K636 致灾临界温度从 1984 年的 25℃ 上升到 2017 年的 34.5℃，即平均致灾临界温度每年提高 0.29℃ 左右。

通过本节可以看出，气温致灾临界条件受多种因素的影响，通过 33a 历史数据分析，即随着全球变暖趋势，冰川末端稳定雪线每年上升速率是 19.3m/a，冰川泥石流平均致灾临界温度每年提高 0.29℃左右，2017 年的数据显示，如果连续高温为 29.35℃的天数超过 6d，临界温度为 34.5℃时，容易致灾，即致灾有效高温周期为 6~8d。

7.3　冰川泥石流水力条件临界状态致灾特征

调研发现，天山区域大部分冰川已退居高山之巅，以小型悬冰川和冰斗冰川为主，这些冰川因地势陡峻，冰舌末端极不稳定，夏季消融期常发生崩塌，崩塌的冰体居高临下迅速冲至沟内，由此增大的冰崩融水是冰川泥石流形成的水力条件诱发因素。

根据地下水蓄满产流机制和水力条件的作用周期（徐俊荣和仇家琪，1996；张豫芳等，2006），泥石流暴发过程是先浑水后稀性泥石流，紧接着是黏性阵性泥石流（图 7-17）。阵性泥石流是该路段黏性泥石流的主要运动形式和显著特征（实测三场泥石流过程规律相同），每阵持续 10~20s，阵与阵之间有明显的间隔时间。后期出现黏稀阵次交替和稀性连续流，当再次出现浑水时，一场泥石流结束。

a　　　　　　　　　　　　　　　　　　b

图 7-17　a. 泥石流致灾前兆（地表水浑浊）；b. 泥石流稳定状态时地表水清澈见底

7.3.1　冰川泥石流降雨时空特征

以天山 K636 为中心，选取研究区附近雨量站资料，进行降雨量时空分布特征分析。根据研究，在一定范围内，降雨量与高程之间存在相关关系：随着高程的增加，降雨量（包括年降雨量及短历时特征雨量）随高程以幂函数的形式增加。

因此，分析研究区及其临近区域雨量站的地理位置和特征降雨量（年均降雨量、雨季降雨量、日降雨量、小时降雨量等），则可建立起相应的特征雨量与海拔相关关系：

$$H = A \cdot I^{a} \tag{7-2}$$

式中，H 为高程（m）；I 为特征降雨量（mm）；A 为系数；a 为指数。通过对研究区附近有史以来的降雨监测资料进行分析，建立了独库公路日降雨量与海拔的关系式为

$$H = 1.9 I^{1.31} \tag{7-3}$$

根据气象站统计资料，该区域为降水稀少的干旱地区。根据 K636 道班气象点降水资料

与下游将军庙水文站降水梯度和 6~8 月多年平均值占年降水量的百分比，K636 区域海拔 2200m 处年均降水量为 217mm，路段海拔 4000m 处降水量估算为 344.8mm，说明在 4000m 以上的高山区有较丰富的降水，这对于冰川的补给和泥石流的形成来说是有利条件。

7.3.2　冰川有效融雪模型

冰雪融化对泥石流的作用机制与降雨类似，但又不完全相同，两者诱发泥石流灾害的时间和规模也不相同（王秀琴等，2013；李海燕，2014）。①冰雪融化所形成的雪水量远远未能达到强降雨级别，绝大部分会入渗到地表松散堆积体中，径流较少（在山坡坡度较大和气温迅速升高的情况下可能例外），不会对坡体形成冲刷，也不会在坡体内部形成较大的动水压力。②坡体岩土在反复冻融作用下，其孔隙度的增大使得雪水可以充分入渗而软化泥石流体和滑动面，且由于昼夜温差，冰雪融化缓慢，坡体表面不会产生有压渗透，从而入渗速度缓慢。因此，与降雨相比，其引起的坡体变形是浅层的、局部的、缓慢的。③在植被发育地区，长时间的冰雪覆盖导致植被折断，使得植被的根固作用减弱，在增加坡体荷载的同时减弱了其阻滑力。因此，植被发育的山区在极端冰雪灾害条件下泥石流灾害的发生概率高于其在降雨条件下。

当具备融雪条件时，积雪开始融化，这时重要的是要估计融雪强度或速率，以及在一定时间段内的融雪量。融雪强度和融雪量取决于积雪的状态和融雪的热量平衡条件。日本学者 Niwa 等于 1990 年在分析大坝渗流时建立了融雪径流模型，其后 Kazama 等对其进行了修正，建立了降雪与融雪联合的融雪模型（snow water equivalent model），并被推广应用。本书借鉴其思想，建立了简化的有效融雪模型。

引入度日因子 a，将其定义为每天气温上升 1℃ 所产生的融雪深度。采用经验公式进行确定：

$$a = 1.1 \times (\rho_s / \rho_w) \tag{7-4}$$

式中，a 为引入度日因子 ［cm/（℃·d）］；ρ_s 为雪密度；ρ_w 为水密度。积雪密度采用表 7-3 中的逐月均值。引入雪雨当量 SRE（snowmelt rainfall equivalent），将其定义为融雪期间雪融化成水的日降雨当量（mm/d）。建立的有效融雪模型如图 7-18 所示。

表 7-3　月平均积雪密度

项目	6 月	7 月	8 月	9 月
积雪密度/（g/cm³）	0.136	0.149	0.170	0.181

根据融雪前后质量守恒，得

$$a\,T\rho_s = SRE \cdot \rho_w \tag{7-5}$$

由此可得

$$SRE = aT\rho_s / \rho_w = 0.1496 \times \frac{0.136}{1.000} \times T = 0.2T \tag{7-6}$$

式中，T 为融雪期间温度（℃）。考虑到独库公路夏季极端冰雪灾害条件的特点，如积雪深度、日气温变化等因素，T 的取值范围定为 ［15℃，40℃］。因此，当独库公路地面温

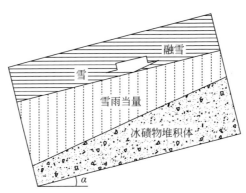

图 7-18　简化的冰川有效融雪模型示意图

度为 30℃时，K636 冰川表面融雪深度等效为降雨量大概为 6mm/d；当为 35℃时，等效降雨量大概为 7mm/d。

雪的特性（如积雪面积、雪深等）是重要参数，根据国内外对融雪入渗条件下边坡渗流计算及稳定性分析，本书根据降雪折合成水层的深度–降雨量（即 $W = d \cdot \delta$，d 为雪深，δ 为新雪密度），以 mm 计算，天山平均新雪密度为 80kg/m³，通过推算不同的等效雨量，从而考虑不同积雪深度对边坡渗流场变化的影响。

另外，相关资料显示，融雪厚度与一定降雨量具有明显相关性，即融化 8~12cm 的雪和 1cm 的降雨量对泥石流的影响作用大小接近。因此，当气温为 35℃时，等效降雨量为 7mm/d，其等效融雪量为 7cm 左右。

根据融雪当量等效降雨量，2017 年 6 月至 7 月 11 日实测平均温度为 30℃左右，在 SRE 融雪模型与 K636 实测冰川面积为 1.75km² 的情况下，计算得到夏季融雪量为 1.75（km²）×0.006（m/d）×40（d）= 420000m³，与实测的表 7-4 接近，说明该融雪模型适用于天山等区域的冰川泥石流融雪量的估算。

表 7-4　天山独库公路冰川泥石流 6 月冰川融雪量实测值

位置	沟口海拔/m	堆积扇面积/km²	冰川面积/km²	冰川融雪量（6 月~7 月 11 日，m³）
K636	2200	0.14	1.75	4.3×10⁵

注：冰川融水为在 K636 沟设水文点实测流量。

7.3.3　冰川泥石流水力临界预警

就降雨和冰川融雪作为水力诱导条件而言，激发泥石流不仅有临时降雨量及融雪量，还涉及前期有效雨雪当量、一次暴雨时间和短时雨强（朱永辉等，2010；袁润，2014）。这点千米级冰川泥石流与常规降雨型泥石流有明显差异，暴雨型泥石流区域（典型如福建、湖北、甘肃等）一般选 1h 雨强作为短历时暴雨强度，千米级搬运距离与高差的冰川泥石流一般选 6h 或 12h 雨强作为临界预警的依据之一。降雨激发冰川泥石流是短期雨量与前期雨雪当量共同作用的结果（赵俊荣等，2008；高志勇，2010）。一般冰川雪水型泥石流取前期 7d 进行研究，大暴雨取前 3d 即可，极少数特大暴雨泥石流主要取决于本次降雨过程。

进入 6 月以后，冰川融雪导致低海拔沟谷（H 分布在 2100~2500m）松散土体率先饱和，该地段的地表水流动具有"蓄满产流"的特点。高海拔（$H>2500m$）土壤含水率相对较高，除非有小范围的堰塞湖出现，"蓄满产流"现象相对较少。这种现象和极限平衡计算结果得出的水力破坏基本吻合。

土壤含水率能够有效反映雪水透渗松散体过程，图 7-19 显示了在 K636 沟谷边缘布设含水率传感器的现场条件。其中 1 号传感器埋深 1.5m，3 号传感器埋深 0.5m。监测点基础在沟谷边缘，距离沟南侧 37.1m，北侧 28.4m，沟谷宽 5.84m。含水率传感器离下游泥水位 13.5m，离对面西侧山体 454m，与气象站的间距为 4.28m。

图 7-19　K636 含水率传感器监测现场图

图 7-20 显示独库公路泥石流致灾前期 $H=2200m$ 处深 1.5m 土壤含水率变化情况，由该图可以看出，3 月泥石流沟沟底浅表层含水率基本为零，进入 6 月后土壤含水率经历了干燥状态–湿润–地表汇流的过程，6 月 30 日，日平均气温从 27℃迅速升至 38℃，在融雪的滋润下浅地表的土壤含水率迅速攀升。

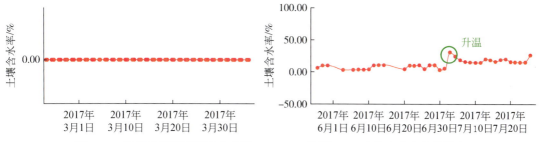

图 7-20　独库公路泥石流致灾前期 $H=2200m$ 处深 1.5m 土壤含水率变化情况

前期雨量与雪水融化极为重要，它影响着松散冰碛物含水量的饱和程度。冰碛物饱和后，土体之间的凝聚力、土体与下伏基岩面之间的摩擦力很小，土体达到临界失稳状态。

低海拔区域泥石流沟谷的蓄满产流现象一般持续时间较长，每年 5 ~ 9 月均有出现（汇流峰值以 6 ~ 7 月为主），汇流出现高峰后如果出现持续 6d 以上的 30℃ 以上高温，则直接出现冰川泥石流灾害。独库公路 33a 的历史资料显示：在蓄满产流持续一定周期后，持续 6d 以上的连续高温是控制冰川泥石流发生的最后一个因素。

即使天山区域降水量每年为 200 ~ 400mm，但是天山多数冰川泥石流仍然以雪水融化和降雨诱发为主，连续高温后的降雨诱发持续时间一般较短，通常只有几十分钟到几个小时，这种短历时的诱发降雨在泥石流研究中被称为泥石流的激发雨量。不同短历时的降雨均可以作为泥石流激发雪水的辅助因素，天山区域通常选用 6h 雨强或 12h 雨强等作为泥石流的激发雨量，需要根据具体情况而定。本书的分析以 6h 雨强为例。

前期影响雨量是指导致泥石流激发的 6h 峰值雨量前的总降雨量（卫通，2003；朱永辉，2010；常鸣，2014；邓文彬，2014），可以表示为

$$P_a = P_{s_0} + R_t \tag{7-7}$$

式中，P_a 为泥石流的前期影响雨雪当量（mm）；P_{s_0} 为前期有效雨雪当量（mm）；R_t 为激发雨量（mm）。

激发雨量 R_t 是指 6h 雨强前的本次（日）降雨过程的总降雨量，它直接影响固体补给物质的含水状况，直接参与泥石流的形成，因此

$$R_t = \sum_{t_0}^{t_n} r \tag{7-8}$$

式中，t_0 为本次（日）降雨过程的开始时间；t_n 为 6h 雨强前的时间；r 为降雨量（mm）。

前期有效雨雪当量 P_{s_0} 是指泥石流暴发前对固体补给物质含水状况仍起作用的降雨量，它受时空的变化、辐射强度、蒸发量和土壤渗透能力等多种因素的影响。为了正确揭示固体补给物质含水率的实际情况，可采用下式：

$$P_{s_0} = KP_{s_1} + K^2 P_{s_2} + K^3 P_{s_3} + \cdots\cdots + K^n P_{s_n} \tag{7-9}$$

式中，P_{s_n}（$n = 1, 2, 3, \cdots, n$）为泥石流暴发前 n 天的逐日有效雨雪当量（mm）；K 为递减系数。

式（7-9）能相对说明泥石流暴发前 1d 的固体物质含水率情况，问题的关键在于递减系数 K 值的确定。在水文计算中，K 值为 0.8 ~ 0.9，可根据天气状况，如晴天、多云天和阴天的不同而确定恰当的 K 值。

夏季一次全过程的雪水融化量经过 K 值的逐日递减，一般 7d 就基本耗尽。不同类型的暴雨泥石流沟，所需前期间接雨量的天数不同，根据泥石流激发有效雨雪当量和前期雨量的关系而确定具体天数（图 7-21）。冰川泥石流沟的激发主要取决于本轮降雨与连续高温过程，前期降融雪和降雨不可忽略不计。前期雨量主要包括暴发日前 3d（特大暴雨型考虑前 3d）和当日前期雨量，若前 3d 降水或融雪较多，激发泥石流的当日前期降雨需求就较低，反之则需求较高。

对泥石流进行雨量预警，需要在泥石流沟流域内，尤其是在泥石流形成区，按照雨量站的布置原则布设至少一个雨量站。通过雨量站对流域降雨的实时观测资料，由式（7-7）和式（7-9）可以得出前期影响雨量。

图 7-21　2017 年春夏独库公路 K636（$H=2200$）泥石流致灾前 15d（雨强/小时）分布

对于天山地区而言，雨雪融化量尤其重要，通过几十年的数据发现，该区冰川泥石流主要发生在连续高温 7d 左右的周期，在海拔为 2200m 的地方连续 7d 平均温度都超过 27.5℃的情况下（图 7-22 和图 7-23），发生泥石流的概率为 85%以上。天山地区连续多天高温的情况下，由于蒸发量过大，如果随后伴随着降雨，此时发生泥石流的概率为 95%以上。

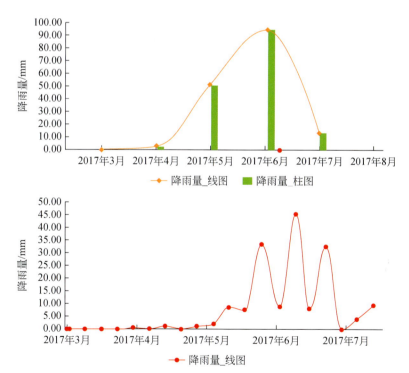

图 7-22　2017 年 3～7 月独库公路 K636 海拔 2200m 处月均降雨量与周均降雨量

连续高温后千米级泥石流多发于高雨强（按照气象部门的降雨强度划分标准，一般为中雨或大雨标准）稍后或 6～12h，一般不超过 18h，有时很短。独库公路一般发生在

16:00～20:00 和 20:00～24:00，又称为午后型和夜雨型。以 2017 年为例，K636 从 7 月 7 日开始连续 7d 高温晴天，最高温度为 34.5℃，路面温度一度超过 40℃，7 月 14 日发生一场强降雨，从而导致 7 月 14 日下午 16:30 发生了泥石流灾害。

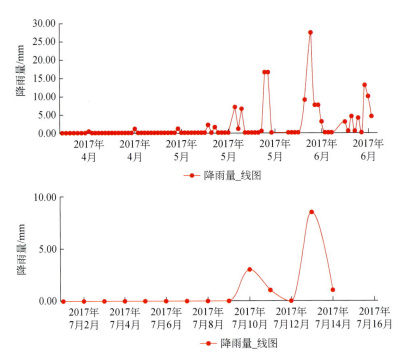

图 7-23　2017 年 3～7 月独库公路 K636 海拔 2200m 处日均降雨量与致灾前 15d 日均降雨量分布

表 7-5　独库公路夏季连续高温后冰川泥石流降雨预警分级

P（雨强）（mm/d）	危险特征与等级				是否预警
	遥感分区	危险等级	危险特征	预警分值	
$T_n<3$	低危险区	I	安全	0～24	否
	中危险区	I	安全	0～24	
	高危险区	I	安全	0～24	
$3<T_n<5$	低危险区	I	中度危险	0～24	是
	中危险区	II	中度危险	25～49	
	高危险区	III	高度危险	50～74	
$5<T_n<10$	低危险区	II	高度危险	25～49	是
	中危险区	III	高度危险	50～74	
	高危险区	IV	极其危险	75～100	
$T_n>10$	低危险区	II	中度危险	25～49	是
	中危险区	IV	极其危险	75～100	
	高危险区	IV	极其危险	75～100	

结合遥感分区，表 7-5 显示了独库公路夏季连续高温后冰川泥石流降雨预警分级，通过北斗系统获取降雨数据后，根据该表进行危险程度预警。

根据上述材料可知天山地区千米级冰川泥石流的致灾诱发因素主要为高温融雪和降雨，本质上都是水动力作为诱发主导因素。根据雨雪等效模型的概念可知，$SRE = a\,T\rho_s / \rho_w = 0.2T$，按照本书分析，假设当连续高温超过 29.5℃ 达 8d 后，其累计融雪等效降雨量为 $0.2×29.5℃×8d = 47.2mm$，以 2017 年 7 月 14 日为例，将致灾前 24h 降雨量达到 8mm 作为叠加因素，可知当等效降雨达到 55.2mm 时可将其作为发布预警信息。

7.4　冰川泥石流位移条件临界状态致灾特征

泥石流运动过程存在泥位顶部高程暴涨暴落、变动沟床、冲淤变化急剧等特性。借鉴河道水位概念，泥石流泥水位是衡量沟床升降变迁的主要依据（邓建辉等，2001），通常用同流量下的泥水位变化来判断泥石流致灾特征，由前面章节可以看出，在弯道冲坑超高过程中，离心力作用会形成离心力超高和顶冲作用，从而形成顶冲超高。本节暂时不考虑横向泥水位比降，用两岸平均泥水位衡量沟床冲淤变化（图 7-24），并结合地表位移变化情况进行致灾临界条件分析。

图 7-24　K636 海拔 2750m 堵溃（2015 年 10 月）与致灾（2016 年 6 月）

受天山冰川施工条件和北斗短报文信号传输数据量的限制，在 K636 泥石流布设了 3 套泥水位雷达传感器（图 7-25）、6 套地表裂缝（固定端在基座上，滑动端在泥石流流体里面，使用过程中被沟侧冰碛物落石砸坏了两个），泥位计和地表裂缝计均能用于分析泥石流滑体滑动速率。上游泥位雷达监测传感器的沟谷南侧山体高 100.7m，沟宽 11m，北侧山体沟高 37.6m，与下游泥水位间距为 62.4m。下游泥位雷达监测传感器的南侧山体高 51.7m，沟宽 6.9m，北侧山体高 30.6m。

对于 K636、K637 等冰川泥石流沟，在一定时间内（规模性的变化一般需要 3d 的周期），其流域内物源条件、沟床坡度条件、融雪降雨条件是相对稳定的，其泥位和速度是相对唯一的，对于两侧堆积体岸坡、溃堵淤积体等承灾体，其位置及抗灾能力是确定的，一旦泥石流的致灾能力大于承灾体的承灾能力，就会形成灾害，泥石流沟道的泥位高低可有效预警泥石流灾害。在气温、降雨和含水率基础上，本节将进一步分析冰川泥石流致灾临界状态时的泥水位与地表位移条件。

图 7-25　K636 泥位传感器全貌图

a. 上游；b. 下游

7.4.1　泥石流孕育与暴发过程的泥位特征

在冰川泥石流的千米级搬运过程中，沟谷的堆积体表层高度起伏变化可有效反映冰碛物淤堵溃决情况，通过超声波雷达沟谷冰碛物高程变化特征可以得到有效反射，所以认为泥位监测可以有效监测到千米级冰川泥石流的孕育过程、暴发时间、历时、流速、泥位、冲淤变化等。

使传感器所在位置的冰碛物初始泥水位归零，图 7-26 显示了 K636 于 2017 年 3 ~6 月的泥水淤积过程，由该图可以看出在开春 3 月，整个冰川泥石流沟谷淤积堵溃现象并不多，这和气温、水力条件对千米级搬运致灾的机制反映一致。

进入 6 月后，上游传感器所在的冰碛物泥水位循环堵溃现象开始发育，但是由该图可以看出，整个循环堵溃过程的泥水位变化幅度主要分布在 20 ~30cm（不超过 50cm）。结合现场调研踏勘发现，产生这种现象主要是因为 6 月后地表水汇流现象频繁，对局部的溃堵造成冲击。但是由于水力条件还不充分，此时雪水汇流会带走颗粒粒径相对较小的冰碛物，从而导致泥水位小幅度变化，这个过程并未造成规模性的泥石流，也未对沿线的基础设施造成冲击。

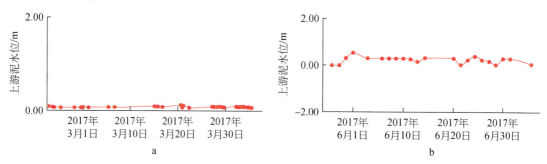

图 7-26　2017 年独库公路 3 ~6 月 K636 泥石流上游沟泥位变化情况

进入 7 月后，上游泥水位在雪水汇流的带动下，开始频繁出现大冲大淤。独库公路沿线以重力成因黏性泥石流为主，沟内多处堵塞，这些堵塞一方面来自沟床两侧崩塌和风化坡积物的下滑，另一方面是夏季冰雪融水和降雨形成的小股泥石流因动力不足停积在沟内的堆积物。图 7-27 显示了利用设置在上游断面位置处的泥位计，监测到的泥石流泥位所达到的高度。

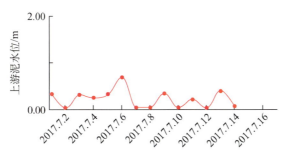

图 7-27　2017 年独库公路 7 月 1 日至 7 月 14 日 K636 泥石流上游沟泥位致灾临界情况

通过多次实地调研，在查清沟内可形成泥石流松散固体物质的储备及分布、流域降雨条件、沟道特征等的情况下，图 7-26 显示了 2017 年独库公路 K636 泥石流下游游沟泥位致灾临界情况，由图 7-26a 可以看出整个 2017 年夏季下游超声波雷达传感器监测到的泥水位，在该周期范围内出现了两个泥水位跳涨，第一次跳涨至 2.1m，出现在 5 月 20 日，该异常主要是由于下游泥水位传感器所在位置发生侧沟坍塌，使得传感器周边 20m² 范围内的沟谷都出现堵塞，该堵塞在随后 3d 被地表雪水汇流冲走，由于该堵塞土方量不足 30m³，下游传感器离路面 500m，这 30m³ 的冰碛物在流动过程中分散在沿线沟谷，所以并未对道路交通造成影响。

第二次跳涨出现在 7 月 13 日（图 7-27），由于下游泥水位距离上游泥水位 62.4m，现场调研发现此时上游雷达监测到的泥水位是此次单次溃决的滑体后端（图 7-28），而下游雷达监测到此次单次溃决的前端，此时泥水位抬高 1.73m，根据初步估算，该次溃决土方量为 62.4m（长）×20m（宽）×1.73m（高）= 2160m³，这些冰碛物在 2017 年 7 月 14 日下午对独库公路的通行造成了严重影响，这与实际发生的 2000m³ 接近。

当遇到连续高温天气时，增大的冰崩冰川融水或高强度暴雨叠加形成的洪水在沟内层层受阻壅高，形成较大的溃坝流量，由图 7-27 可以看出上游泥位在 7 月 11 日之前泥位计多次循环的上升和下降，通过推测和现场实地调研发现，上游泥水位区域单次循环溃滑体处于临界欠稳定状态，出现了多次局部失稳侧滑状况，导致其上部泥面高程反复上升和下降。

另据观察可知，上游泥位计的沟谷在泥石流下泄过程中，一方面冲刷切割沟床，另一方面掏挖沟床两侧坡脚和堵塞的下滑物，受泥石流掏挖作用，极易失稳形成崩塌，使沿程不断增加补给和增大泥石流规模，这种断断续续的补给是黏性阵性流形成的主要原因。

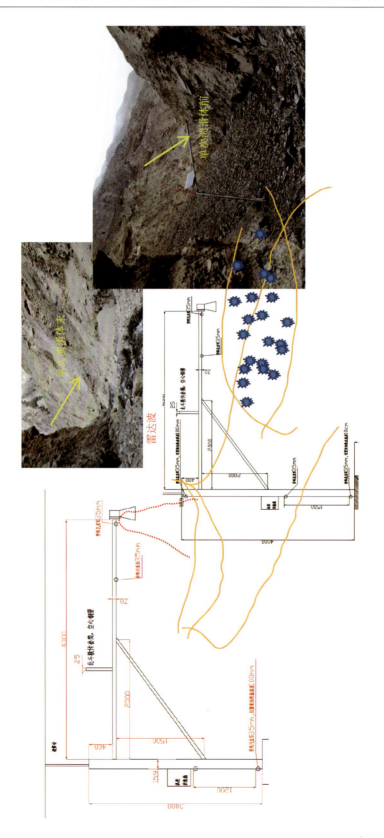

图 7-28 独库公路 K636 泥石流下游沟谷泥位致灾临界情况

7 月 13 日后沟床两侧冰碛物因前期连续高温冰雪融化和雨水的浸润。前期许多小阵流不断补充使龙头加高到一定程度开始启动，补充的过程发生流量积累，7 月 14 日 15:15 下游泥位计观测到泥石流龙头达到断面，泥石流冲垮沟谷沿线的不稳定体，最终冲出沟谷，17:43 冰川泥石流冲到道路路面边缘（图 7-29）。

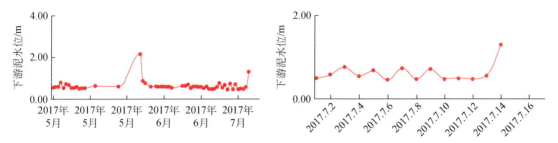

图 7-29　2017 年独库公路 K636 泥石流下游沟谷泥位致灾临界情况（5～7 月；7 月 1 日～7 月 14 日）

根据泥水位可估算泥石流在相应融雪降雨诱发下的冰川泥石流规模大小，结合前面的公式可计算出泥石流峰值的相关流量和流速等，通过分析其流量通过指定断面泥位的高度，可及时评估公路桥涵及沟道的过流能力，根据灾害危害性及危险性大小，分析警戒级别与泥位要素之间的对应关系，及时发布预警预报信息，于 15:15 立即通过北斗短报文，把致灾失稳短信发给交通厅、公路局和相关单位，最终为抢险保通赢得了两个多小时的有效黄金时间，有效降低了致灾影响。

7.4.2　基于 Verhulst 模型的地表位移监测预警

泥石流预测预报研究包括失稳时间预报和变形趋势，协同学科主要用于处理远离平衡系统的非平衡相变问题，其所得模型的适用条件是远离平衡系统，因此，所建预测模型也仅适用于短期或临滑预报（斜坡演化已进入远离平衡状态）预测等方面的内容（邓建辉等，2001；陆峰，2001；沈强，2007；袁勤，2008；周亮，2012；蔡明娟等，2017）。许多学者应用协同模型进行了泥石流预测预报研究，如黄润秋利用协同模型对黄龙西村泥石流和 Vaiont 泥石流进行了预报，结果表明协同模型的预报准确度较高。

Verhulst 是一种典型的统计型泥石流预测预报模型，课题拟采用协同模型加速度最大值预报判据的计算公式。

Verhulst 模型的微分方程形式为（龙万学等，2008；贺小黑等，2014）：

$$\frac{\mathrm{d}x}{\mathrm{d}t} = ax - bx^2 \tag{7-10}$$

式中，a、b 为系数，随不同泥石流类型和不同的泥石流阶段而变化，用灰色系统原理（康永红，2005；王利，2006；王沙燚，2008；周林丽，2011；刘永莉，2011）进行求解。

若用 x 代表泥石流的位移，则式（7-10）中左边为位移随时间变化的速率，并且位移速率在初始阶段（x 较小时）随位移的增大而增大，当位移增加到某一量值时，$\mathrm{d}x/\mathrm{d}t$ 达到极大值，随后阶段的位移速率减缓。

Verhulst 模型用 $\mathrm{d}x/\mathrm{d}t$ 达到极大值的时间作为泥石流快速滑动时间的预测值，其初期

$\mathrm{d}x/\mathrm{d}t$ 的增长过程反映泥石流自身演化的进程（如所熟知的加速位移进程）（陆金平，2008；许晓明，2012；杨亮，2014）。用最小二乘法求待定参数 a 和 b（张丽旭和魏文寿，2002；吴国雄等，2006），代入式（7-10）中，求解变换得泥石流时间预测方程，然后把已知条件 $x_1 = \hat{x}(t)\big|_{t=t_1} = x(t_1)$ 代入方程得

$$x = \frac{a/b}{1 + \left(\dfrac{a}{bx_1} - 1\right)\mathrm{e}^{-a(t-t_1)}} \tag{7-11}$$

式中，x_1 和 t_1 为初始位移值和初始时间。当 $x = \dfrac{a}{2b}$ 时，$\dfrac{\mathrm{d}x}{\mathrm{d}t}$ 达到极大值，确定泥石流位移极大值后，即可计算出泥石流剧滑时间，所对应的时刻 t_r 为泥石流发生时间的预测值。a、b 系数根据以下过程求解。

泥石流位移原始监测数据（等时间距 $=\Delta t$）：

$$x^0(i),\ i = 1,\ 2,\ \cdots,\ n$$

原始数据的一次累加生成 AGO 处理：

$$x^1(i) = \sum_{k=1}^{i} x^0(k),\quad i = 1,\ 2,\ \cdots,\ n$$

$$记：A = \begin{bmatrix} \dfrac{1}{2}[x^1(1) + x^1(2)] \\ \dfrac{1}{2}[x^1(2) + x^1(3)] \\ \vdots \\ \dfrac{1}{2}[x^1(n-1) + x^1(n)] \end{bmatrix} \quad B = \begin{bmatrix} -\dfrac{1}{4}[x^1(1) + x^1(2)]^2 \\ -\dfrac{1}{4}[x^1(2) + x^1(3)]^2 \\ \vdots \\ -\dfrac{1}{4}[x^1(n-1) + x^1(n)]^2 \end{bmatrix} \quad Y = \begin{bmatrix} x^0(2) \\ x^0(3) \\ \vdots \\ x^0(n) \end{bmatrix}$$

$$\begin{bmatrix} a \\ b \end{bmatrix} = \left[(A \vdots B)^{\mathrm{T}}(A \vdots B)\right]^{-1}(A \vdots B)^{\mathrm{T}}Y \tag{7-12}$$

式中，矩阵 $(A \vdots B)$ 为矩阵 A 和 B 的合矩阵。根据以上便得到以等时间距位移监测数据和速率最大值为基础的 Verhulst 非线性灰色预测模型：

$$t_r = -\frac{\Delta t}{a}\ln\left(\frac{bx_1}{a - bx_1}\right) + t_1 \tag{7-13}$$

采用可伸缩的裂缝计，如图 7-30（量程为 $-150 \sim 150\mathrm{cm}$）所示，由于冰碛物泥石流沟设备安装条件恶劣，很难安全找到一个合适稳固的区域安装固定端，对传感器进行方向设置并归零，当裂缝计处于收缩状态时，传回的数值为正值，当裂缝计处于拉伸状态时，传回的数值为负值，数值情况能有效反映沟中冰碛物滑体滑经裂缝计固定端的地表位移变化（肖进，2009）。

在泥水位传感器断面的沟中和沟边都布设传感器，受现场岸坡掉块影响，传感器设备有 67% 保持正常运行，监测数值见表 7-6、图 7-31，由该表可以发现沟边冰碛物裂缝值变化随着致灾临近处于稳定增长过程，增长幅度相对较小。而沟中裂缝计受大冲大淤影响，裂缝值致灾前急剧收缩和拉伸，致灾前期裂缝绝对值达到 82.7mm（2017 年 7 月 14 日，14:22:00）。

图 7-30　裂缝计现场布设示意图

表 7-6　泥石流致灾地表位移空间分布

上游沟边裂缝值/mm	监测时间	下游沟中裂缝值/mm	监测时间
4.5	2017 年 7 月 13 日，11:26:00	12.42	2017 年 6 月 27 日，15:17:58
5.1	2017 年 7 月 14 日，14:40:00	45	2017 年 7 月 12 日，12:46:00
		−37.7	2017 年 7 月 14 日，14:22:00

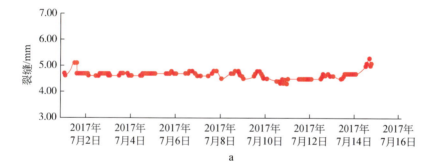

a

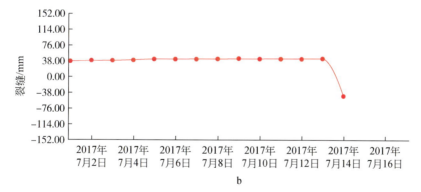

b

图 7-31　上游沟边与下游沟中裂缝计监测图

a. 上游沟边；b. 下游沟中

　　在协同预报模型微分方程基础上推导了加速度达到最大值时的计算公式，并利用 Matlab 软件编程，实现了快速、方便地计算协同模型预报泥石流发生时间的方法。Matlab 结果显示

　　该泥石流沟发生大规模滑移时间为 7 月 14 日 14:00；预报时间与泥石流实际发生时间（7 月 14 日 15:15）较接近，稍早于泥石流实际发生时间，预报效果较好，可以起到提前预报的作用，所选取用于预报的位移监测数据所对应的监测时间早于泥石流实际发生时间 75min。

　　图 7-32 显示了冰川泥石流发生的全过程，从高海拔陡窄的狭小沟谷，通过不同海拔的侧滑崩塌冰碛物堆积流通搬运，在低海拔区域冰碛物流量大幅增加，最终冰碛物冲出沟谷，埋断独库公路 200 多米（K636+100～369）的路面，对道路保通造成了一定影响。

图 7-32　2017 年 7 月 14 日冰川泥石流单次溃滑空间特征分布（H = 2750m，2500m，2400m，2300m，2200m）

7.4.3　基于层次分析法的冰川泥石流预警模型

冰川泥石流的形成机理综合了水力类泥石流和土力类泥石流的机理特征，弗莱施曼认为冰川泥石流的形成是一个复合过程，堆积体既在冰川融水和降雨等激发条件产生的地表径流冲刷下启动，也依靠堆积体内部稳定状态发生变化而发生失稳。瑞士学者认为，冰川残体对冰川泥石流的发生有重要的作用，冰碛物在（冰湖溃决、暴雨、冰雪融水）水动力条件下，稳定性会降低，当冰碛物沿着冰川残体表面做运动时，便形成泥石流。Ahmet Yildiz 等（2009）通过对阿尔卑斯山区的冰川泥石流形成过程进行研究，认为冰川泥石流的形成过程可分为两类，一类是短时间强降水使得覆盖在冰川表层的冰碛物含水量达到饱和后失稳，形成冰川泥石流；另一类是冰碛湖突然溃决或冰川内部积蓄水体突然释放，通过对老冰碛物的强烈冲刷而引发泥石流。近 20 年来，中国学者对国内冰川泥石流的成因、分布特征及形成机制等也有了深入的研究，尤其是对中国西藏地区冰湖溃决型泥石流灾害的研究成果颇为丰富。总结出了冰川泥石流的形成均伴随着前期的洪水（冰湖溃决或冰雪融水）过程和后期沿程的侵蚀（侧蚀及掏蚀等）过程。

综合国内外学者对冰川泥石流的研究，冰川泥石流的主要形成因素可以概括为两个方面：外界的激发条件和堆积体的失稳。考虑到地震预报尚存在难度，激发条件不考虑地震因素，选取日最高温度、日降雨量、含水率、泥水位、地表位移作为监测指标，提出冰川泥石流预警模型。

$$R = f(R, S) \tag{7-14}$$

该模型将泥石流的激发条件（R）和堆积体稳定状态（S）结合在一起，其中激发条件包括温度、降雨、泥水位，堆积体稳定状态指标包括位移、含水率，这样便构建了基于激发条件–堆积体稳定状态的泥石流预警模型。在确定监测指标的基础上，本书拟采用层次分析法来确定各指标的权重，建立冰川泥石流预警模型。

1. 确定指标权重

层次分析法是美国运筹学家 T. L. Saaty 于 20 世纪 70 年代提出的一种实用的多方案或多目标的决策方法（张博，2006；张晓光，2008；杨柯和张军，2012；李严严，2015；潘聪，2015），将天山公路泥石流综合预警作为目标层（A），准侧层（B）包括激发条件监测（B_1）和堆积体稳定性监测（B_2），指标层（C）包括日最高气温、日降雨量、泥水位、位移、含水率 5 项指标。以此建立天山公路泥石流预警层次结构模型（图 7-33）。

层次结构模型是建立判断矩阵的基础，判断矩阵是下层因素对上层因素的相对重要性的表达（赵志峰，2007；刘洋等，2013；单博，2014）。根据 T. L. Saaty 建议采用的标度方法，对重要性判断结果进行量化。

运用表 7-7 的判断矩阵标度，逐项将任意两个评价指标进行比较，在现有文献、历史冰川泥石流灾害情况和实地调查的基础上，确定相对重要性，并赋以相应的标度，分别得到目标层与准则层的判断矩阵 A–B，准则层与指标层的判断矩阵 B_1–C 和 B_2–C：

$$A - B = \begin{bmatrix} 1 & 1/2 \\ 2 & 1 \end{bmatrix} \tag{7-15}$$

表 7-15 冰川泥石流致灾预警指标体系

预警指标	分级	基本分值 预警分值	基本分值 分值取值	权重系数	预警分值	说明
P 降雨量 /(mm/h)（X_1）	当 $P<3\text{mm}/H$，或者在遥感分区为低危险区时 $3<P<5\text{mm}/H$	$0\sim24$	R_1	γ_1	$X_1=R_1\times\gamma_1$	1. 雨强大于 10mm 时，可选取分值为 100 2. 危险区域划分是由遥感技术分区得到的 3. P 为激发雨量，以前 12h 的雨量为例（赵星等，2014；卢中帅，2016）
	在遥感分区为中危险区时 $3<P<5\text{mm}/H$，或者在遥感分区为低危险区时 $P>5\text{mm}/H$	$25\sim49$				
	在遥感分区为高危险区时 $5<P<10\text{mm}/H$ 或者在遥感分区为中危险区时 $3<P<5\text{mm}/H$	$50\sim74$				
	在遥感分区为高危险区时 $P>5\text{mm}/H$，或者在遥感分区为中危险区时 $P>10\text{mm}/H$	$75\sim100$				
T_n 连续有效高温（度）/℃（X_2）	当温度 $T_n<15°$ 时，或者在遥感分区为低危险区时 $15°<T_n<25°$	$0\sim24$	R_2	γ_2	$X_2=R_2\times\gamma_2$	在持续高温下，应注意使用有效高温模型，计算可参考式 (7-1)
	在遥感分区为中危险区时 $15°<T_n<25°$，或者在遥感分区为低危险区时 $T_n>25°$	$25\sim49$				
	在遥感分区为高危险区时 $25°<T_n<35°$，或者在遥感分区为中危险区时 $15°<T_n<25°$	$50\sim74$				
	在遥感分区为高危险区时 $T_n>25°$，或者在遥感分区为中危险区时 $T_n>35°$	$75\sim100$				

续表

预警指标	分级	基本分值		权重系数	预警分值	说明
		预警分值	分值取值			
M 相对湿润指数（X_3）	当 $M<0$ 时，或者在遥感分区为低危险区时 $0<M<0.5$	0～24				一般采用相对湿润指数表征（曹兴等，2013）。$M=(P-P_e)/P_e$，式中，M 为相对湿润指数；P 为降水量（mm）；P_e 为潜在蒸散量（mm），P_e 用 Thornthwaite 方法计算如下：
	在遥感分区为中危险区时 $0<M<0.5$，或者在遥感分区为低危险区时 $M>1$	25～49	R_3	γ_3	$X_3=R_3\times\gamma_3$	$$P_e = \begin{cases} 0 & T\le 0℃ \\ 16.0\times(10T_i/H)^{\alpha} & 0℃\le T\le 26.5℃ \\ \alpha_1+\alpha_2 T+\alpha_3 T^2 & T\ge 26.5℃ \end{cases}$$
	在遥感分区为中危险区时 $0.5<M<1$，或者在遥感分区为高危险区时 $0<M<0.5$	50～74				其中，$\alpha=6.75\times10^{-7}H^3-7.71\times10^{-5}H^2+1.792\times10^{-2}H+0.49$，为年热量指数；$H=\sum (T_i/5)^{1.514}$，为年热量指数；$T_i$ 为月平均气温（℃）
	在遥感分区为高危险区时 $M>0.5$，或者在遥感分区为中危险区时 $M>1$	75～100				
L 地表位移（拉拔式裂缝计）/mm（X_4）	当 $L<50$mm 时，或者在遥感分区为低危险区时 $50<L<150$	0～24				裂缝应该在不同地段实时监测，并选取合适数据和最大裂缝绝对值（龙万学，2008）
	在遥感分区为中危险区时 $50<L<150$，或者在遥感分区为低危险区时 $L>150$	25～49	R_4	γ_4	$X_4=R_4\times\gamma_4$	
	在遥感分区为中危险区时 $150<L<200$，或者在遥感分区为高危险区时 $150<L<200$	50～74				
	在遥感分区为高危险区时 $L>150$，或者在遥感分区为中危险区时 $L>200$	75～100				

续表

预警指标	分级	基本分值		权重系数	预警分值	说明
		预警分值	分值取值			
H 泥石流泥水位 /m (X_5)	当 $H<0.3$ 时，或者在遥感分区为低危险区时 $0.3<H<0.6$	$0\sim24$	R_5	γ_5	$X_5=R_5\times\gamma_5$	泥水位 H 选用监测数据，为减少设备技术的误差，应在多处选取测量，并选择合适数据和相对较准确的数据
	在遥感分区为中危险区时 $0.3<H<0.6$，或者在遥感分区为低危险区时 $H>0.6$	$25\sim49$				
	在遥感分区为中危险区时 $0.6<H<1$，或者在遥感分区为高危险区时 $0.3<H<0.6$	$50\sim74$				
	在遥感分区为高危险区时 $H>0.6$，或者在遥感分区为中危险区时 $H>1$	$75\sim100$				
S 深部位移/mm (X_6)	当 $S<0.5$ 时，或者在遥感分区为低危险区时 $0.5<S<25$	$0\sim24$	R_6	γ_6	$X_6=R_6\times\gamma_6$	根据深度的不同，监测数据所取范围不同，同地质条件进行取值，一般选取 18m 左右的深度（陈志波和简文彬，2005；赵克烈，2006；陈水立等，2012；程温鸣，2014；）
	在遥感分区为中危险区时 $25<S<50$，或者在遥感分区为低危险区时 $S>50$	$25\sim49$				
	在遥感分区为高危险区时 $25<S<50$，或者在遥感分区为高危险区时 $0.5<S<25$	$50\sim74$				
	在遥感分区为高危险区时 $S>25$，或者在遥感分区为中危险区时 $S>50$	$75\sim100$				

续表

预警指标	分级	基本分值		权重系数	预警分值	说明
		预警分值	分值取值			
σ 深度应力 /kPa （X_7）	当 $\sigma<300$ 时，或者在遥感分区为低危险区时 $300<\sigma<550$	0~24	R_7	γ_7	$X_7=R_7\times\gamma_7$	根据深度的不同，监测数据所取范围不同，应由专家根据不同地质条件进行取值（曹华峰，2007；赵海军等，2011）
	在遥感分区为中危险区时 $300<\sigma<550$，或者在遥感分区为低危险区时 $\sigma>750$	25~49				
	在遥感分区为中危险区时 $550<\sigma<750$，或者在遥感分区为高危险区时 $300<\sigma<550$	50~74				
	在遥感分区为高危险区时 $\sigma>550$，或者在遥感分区为中危险区时 $\sigma>750$	75~100				
W 孔隙水压力 /kPa （X_8）	当 $W<0.5$ 时，或者在遥感分区为低危险区时 $0.5<W<1.5$	0~24	R_8	γ_8	$X_8=R_8\times\gamma_8$	不同地区按地质条件取值（屈永平等，2015a，2015b）
	在遥感分区为中危险区时 $0.5<W<1.5$，或者在遥感分区为低危险区时 $W>2.5$	25~49				
	在遥感分区为中危险区时 $1.5<W<2.5$，或者在遥感分区为高危险区时 $0.5<W<1.5$	50~74				
	在遥感分区为高危险区时 $W>1.5$，或者在遥感分区为中危险区时 $W>2.5$	75~100				

续表

预警指标	分级	基本分值		权重系数	预警分值	说明
		预警分值	分值取值			
E 土壤含水率 (1.5m) /% (X_9)	当 $E<25$ 时，或者在遥感分区为低危险区时 $25<E<30$	0~24	R_9	γ_9	$X_9 = R_9 \times \gamma_9$	由多年观测得出，含水率测量选取土壤层深度为 1.5m 左右最能表现泥石流的状况，也可在不同深度进行测量
	在遥感分区为中危险区 $25<E<30$，或者在遥感分区为低危险区时 $E>30$	25~49				
	在遥感分区为中危险区时 $30<E<40$，或者在遥感分区为高危险区时 $25<E<30$	50~74				
	在遥感分区为高危险区时 $E>30$，或者在遥感分区为中危险区时 $E>40$	75~100				
次声监测 (X_{10})	监测装备良好，信号传输完整，有较好的接收装备和分析报警系统	0~24	R_{10}	γ_{10}	$X_{10} = R_{10} \times \gamma_{10}$	
	监测装备良好，信号传输有误或没有良好的接收装备和分析报警系统	25~49				
	监测装备有误，信号传输不畅，没有良好的接收装备和分析报警系统	50~74				
	监测装备、接收装备不能正常工作，信号传输不畅	75~100				

注：根据预警地区的具体情况，结合地区经验，可对表中数值区间进行适当调整。

表 7-16　预警指标重要性排序及权重值

指标项目数量	权重系数	指标重要性排序												总权重
		第一	第二	第三	第四	第五	第六	第七	第八	第九	第十	第十一	第十二	
		1	2	3	4	5	6	7	8	9	10	11	12	
一项	γ	1.00	—	—	—	—	—	—	—	—	—	—	—	$\sum \gamma = 1$
二项	γ	0.75	0.25	—	—	—	—	—	—	—	—	—	—	$\sum \gamma = 1$
三项	γ	0.56	0.33	0.11	—	—	—	—	—	—	—	—	—	$\sum \gamma = 1$
四项	γ	0.44	0.31	0.19	0.06	—	—	—	—	—	—	—	—	$\sum \gamma = 1$
五项	γ	0.36	0.28	0.20	0.11	0.05	—	—	—	—	—	—	—	$\sum \gamma = 1$
六项	γ	0.31	0.25	0.19	0.14	0.08	0.03	—	—	—	—	—	—	$\sum \gamma = 1$
七项	γ	0.27	0.22	0.18	0.14	0.10	0.06	0.03	—	—	—	—	—	$\sum \gamma = 1$
八项	γ	0.23	0.20	0.17	0.14	0.11	0.08	0.05	0.02	—	—	—	—	$\sum \gamma = 1$
九项	γ	0.21	0.19	0.16	0.14	0.11	0.09	0.06	0.03	0.01	—	—	—	$\sum \gamma = 1$
十项	γ	0.19	0.17	0.15	0.13	0.11	0.09	0.07	0.05	0.03	0.01	—	—	$\sum \gamma = 1$
十一项	γ	0.17	0.16	0.14	0.12	0.11	0.09	0.07	0.06	0.04	0.03	0.01	—	$\sum \gamma = 1$
十二项	γ	0.16	0.15	0.13	0.12	0.10	0.09	0.08	0.06	0.05	0.03	0.02	0.01	$\sum \gamma = 1$

　　根据预警公式确定分值：

$$F = \sum x_i \qquad (7\text{-}22)$$

式中，$i = 1$，2，3，4，$\cdots$，n。n 为对应的第 i 类预警指标的数量。

　　计算得出 F 值后，对应表 7-17 确定冰川泥石流预警等级（石遥，2013）。

　　根据天山地区的地质地貌条件、设备情况及数据传输和信号接收等因素的影响，结合多年来天山地区发生泥石流的资料及相关数据，选取温度、降水量、裂缝、土壤含水率和下游泥水位作为指标，进行泥石流致灾预警。

表 7-17　冰川泥石流预警分级标准

预警等级	计算分值
等级 IV（极高预警）	$F > 60$
等级 III（高度预警）	$40 < F \leqslant 60$
等级 II（中度预警）	$20 < F \leqslant 40$
等级 I（低度预警）	$F \leqslant 20$

温度：根据天山地区的地址条件和多年经验，通过对该地区气温进行长时间监测观察可对连续有效高温进行预警，见表 7-18。

表 7-18　基于连续有效高温模型的冰川泥石流气温预警（$H = 2200\text{m}$）

预警分值	危险等级	危险特征	是否预警
0 ~ 24	I	安全	否
25 ~ 49	II	中度危险	是
50 ~ 74	III	高度危险	是
75 ~ 100	IV	极其危险	是

本书温度是选用有效温度为前 6d 的有效温度进行温度预警。通过图 7-15 可以看出，前 6d 的连续有效温度为 25.5℃。

降水量：泥石流致灾前 15d 雨量如图 7-20 所示。

土壤含水率：在 K636 沟谷边缘布设含水率传感器，其中 1 号传感器埋深 1.5m，3 号传感器埋深 0.5m。

泥水位和裂缝：对天山地区 K636 地区进行泥水位和裂缝观测，由于设备和技术所限，所测数据具有误差，选取合适数据进行计算使用，并实时注意数据突变情况，是发生泥石流的主要表现之一，如在 K636 地区致灾前期裂缝绝对值达到 82mm，属于极高预警等级。

根据选取数据进行计算，结合地区经验，选取指标有降水、温度、沟谷裂缝、下游泥水位和含水率，并以此排序。以 2017 年 7 月 14 日为例进行计算，见表 7-19。

表 7-19　2017 年 7 月 14 日 15:15 时 K636 地区冰川泥石流致灾预警表

分类	预警指标	危险特征与等级								说明
			2017 年 7 月 14 日　16:30 时预警（高危险区）							
		遥感分区	危险等级	危险特征	预警分值	数据取值	分值取值	权重系数	总分值	
雨强 /（mm/d）	$P < 3$	低危险区	I	安全	0 ~ 24	8.5mm/d	92.5	0.36	33.3	经遥感图像分析，该地区为高危险区
		中危险区	I	安全	0 ~ 24					
		高危险区	I	安全	0 ~ 24					

续表

2017 年 7 月 14 日　16:30 时预警（高危险区）										
分类	预警指标	危险特征与等级								说明
		遥感分区	危险等级	危险特征	预警分值	数据取值	分值取值	权重系数	总分值	
雨强 /（mm/d）	3<P<5	低危险区	I	中度危险	0~24	8.5mm/d	92.5	0.36	33.3	
		中危险区	II	中度危险	25~49					
		高危险区	III	高度危险	50~74					
	5<P<10	低危险区	II	高度危险	25~49					
		中危险区	III	高度危险	50~74					
		高危险区	IV	极其危险	75~100					
	P>10	低危险区	II	中度危险	25~49					
		中危险区	IV	极其危险	75~100					
		高危险区	IV	极其危险	75~100					
T_n/℃ （连续 有效高温）	T_n<15	低危险区	I	安全	0~24	25.5℃	75.2	0.28	21.06	经遥感图 像分析， 该地区为 高危险区
		中危险区	I	安全	0~24					
		高危险区	I	安全	0~24					
	15<T_n<25	低危险区	I	中度危险	0~24					
		中危险区	II	中度危险	25~49					
		高危险区	III	高度危险	50~74					
	25<T_n<35	低危险区	II	高度危险	25~49					
		中危险区	III	高度危险	50~74					
		高危险区	IV	极其危险	75~100					
	T_n>35	低危险区	II	中度危险	25~49					
		中危险区	IV	极其危险	75~100					
		高危险区	IV	极其危险	75~100					
下游裂缝 绝对值 /mm	L<50	低危险区	I	安全	0~24	83.4mm	58	0.2	11.6	
		中危险区	I	安全	0~24					
		高危险区	I	安全	0~24					
	50<L<150	低危险区	I	中度危险	0~24					
		中危险区	II	中度危险	25~49					
		高危险区	III	高度危险	50~74					
	150<L<200	低危险区	II	高度危险	25~49					
		中危险区	III	高度危险	50~74					
		高危险区	IV	极其危险	75~100					
	L>200	低危险区	II	中度危险	25~49					
		中危险区	IV	极其危险	75~100					
		高危险区	IV	极其危险	75~100					

续表

2017 年 7 月 14 日　16:30 时预警（高危险区）

分类	预警指标	危险特征与等级								说明
		遥感分区	危险等级	危险特征	预警分值	数据取值	分值取值	权重系数	总分值	
下游泥水位/m	H<0.3	低危险区	I	安全	0~24	1.017m	83	0.11	9.13	
		中危险区	I	安全	0~24					
		高危险区	I	安全	0~24					
	0.3<H<0.6	低危险区	I	中度危险	0~24					
		中危险区	II	中度危险	25~49					
		高危险区	III	高度危险	50~74					
	0.6<H<1	低危险区	II	高度危险	25~49					
		中危险区	III	高度危险	50~74					
		高危险区	IV	极其危险	75~100					
	H>1	低危险区	II	中度危险	25~49					
		中危险区	IV	极其危险	75~100					
		高危险区	IV	极其危险	75~100					经遥感图像分析，该地区为高危险区
土壤含水率（1.5m）/%	E<25	低危险区	I	安全	0~24	28.8%	68.2	0.05	3.41	
		中危险区	I	安全	0~24					
		高危险区	I	安全	0~24					
	25<E<30	低危险区	I	中度危险	0~24					
		中危险区	II	中度危险	25~49					
		高危险区	III	高度危险	50~74					
	30<E<40	低危险区	II	高度危险	25~49					
		中危险区	III	高度危险	50~74					
		高危险区	IV	极其危险	75~100					
	E>40	低危险区	II	中度危险	25~49					
		中危险区	IV	极其危险	75~100					
		高危险区	IV	极其危险	75~100					
预警分数		78.50			预警等级			IV 级　极高预警		

　　根据表 7-19 可知，对天山地区进行冰川泥石流致灾预警，其等级达到 IV 级极高预警，达到最高预警等级。利用同样手段接收各时段的信息，随时进行泥石流预警，对 7 月 12 日~7 月 14 日各时间段进行致灾预警分析，并根据信号传输的数据计算出预警等级，由表 7-20 可知，7 月 13 日就已达到极高预警，应作出相应的措施及时防灾预警，减少财产损失。

表 7-20　K636 地区 7 月 12 日 ~ 7 月 14 日冰川泥石流致灾预警一览表

项目	7 月 14 日 15:15	7 月 14 日 13:00	7 月 13 日 23:30	7 月 13 日 14:00	7 月 12 日 19:00	7 月 12 日 13:00
预警分数	78.50	64.95	61.23	60.45	32.06	29.47
预警等级	Ⅳ级极高预警	Ⅳ级极高预警	Ⅳ级极高预警	Ⅲ级高度预警	Ⅱ级中度预警	Ⅱ级中度预警

　　天山公路 K636 北斗卫星显示 2017 年 7 月 14 日 15:15 发生冰川泥石流地质灾害。由表 7-20 可知，7 月 13 日晚就已达到了Ⅳ级极高预警，通过短信报警（图 7-34），提醒新疆维吾尔自治区交通厅、新疆维吾尔自治区公路局等相关人员采取措施，降低损失，较快地实现冰川泥石流致灾预警信息及时传递，达到提前预警的目的。

图 7-34　手机短信报警

　　由上述介绍可知，目前采用指标排序法进行冰川泥石流致灾预警在国内外相对少见。采用指标排序法冰川泥石流致灾预警系统，不仅一定程度降低人为主观因素判断，减少人为因素的影响，还能更好地为经验不足的人员提供好的预警体系方法，方便各地区、部门人员随时预警、提前预警、短信报警，尽早做好防灾减灾措施。

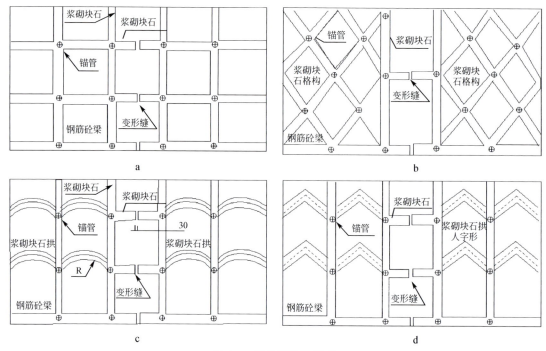

图 8-1　格构墙构造形式

a. 矩形格构；b. 菱形格构；c. 弧形格构；d. 人字形格构

图 8-2　菱形砼格构墙

除杂草、浇水、修剪和补种，直至草皮成长覆盖整个种植区域（图 8-4），设置绿化作业区域警示标志，注意垃圾必须及时清理干净。

及时维修混凝土格构墙，进行填土。对铁丝网框架损坏部分更换铁丝，填补石头；在资金允许的情况下对有条件绿化的方格网进行培土绿化。

格栅坝工程以混凝土、钢筋混凝土、浆砌石、型钢等为材料，将坝体做成横向或竖向格栅，或做成平面、立体网格，或做成整体格架结构的透水型拦沙坝，称为格栅拦沙坝。格栅拦沙坝不仅能拦蓄大量的泥沙、石块，还能起到调节泥沙的作用，因此，也有人称此

图 8-3　拱形砼格构墙

图 8-4　天山路段客土喷播

类坝为泥沙调节坝。

与实体坝相比，格栅坝具有受力条件好，拦沙及排水效果突出的特点；大部分构件可由工厂预制后装配，既缩短了工期，又保证了工程质量，节省材料，节约投资，有利于坝体维护管理。此类坝具备的拦大（漂石、巨石等）排小（挟沙水流及砾石等）功能（图 8-5），能达到调节拦排冰碛物颗粒比例的目的，这是实体重力拦沙坝不可能实现的。

格栅坝主要用于水及冰碛物易于分离的水石流、稀性泥石流，以及黏性泥石流与洪水交错出现的沟谷。对含粗颗粒较多的频发性黏性泥石流及拦稳滑坡体的效果较差，但当沟谷较宽时，由于格栅坝有透水功能，拦沙库内的地下水位被降低，同样具有较好的效果。

格栅坝按结构与构造可分为两大类：一类为在实体圬工重力坝体上开过流切口或布设过流格栅而形成的切口坝、缝隙坝、梁式格栅坝、梳齿坝、耙式坝及筛子坝等。另一类为由相应杆件材料（钢管、型钢、锚索）组成的格子坝、网格坝及桩林等；格栅坝按使用材料和受力状况又可分为刚性及柔性两类。刚性格栅坝使用的建筑材料主要为浆砌石、混凝土、钢筋混凝土及型钢管材等，具有整体性较好的刚性结构坝。柔性格栅坝则主要为钢索

图 8-5　石笼——服务冰碛物拦坝和冰川泥石流沟排水

及其相应的钢材配件，是具有较大柔性变形的临时性坝体。

在具体设计中，应结合当地的实际情况，对制定的多种技术方案进行综合技术经济比较，择优选择坝型及结构。

3. 锚杆与锚索

锚杆是一种安设在岩土层深处的受拉杆件，它一端与工程建筑物相连，另一端锚固在岩土层中，对其施加预应力，以承受土压力、水压力等其他荷载所产生的拉力，防止结构变形，从而维持建筑物的稳定，加固岩体的强度，改善岩体的应力状态，提高岩体的稳定性，在独库公路方面该方法主要适用于结合冰碛物格构梁加固或者山体加固。

施工工艺流程：确定锚杆孔位→开挖清理地基面→搭设工作平台→安放钻机→钻进成孔及制作锚杆→清孔→安放锚杆→浇注砂浆→封头。

锚杆与锚索在千米级冰川泥石流灾害防治工程中主要用于格栅坝、重力坝等拦挡工程中（陈宁生等，2013）。这些坝体必须具备抗滑功能和抗倾覆功能，如果仅仅利用支墩自身的重量来达到防治泥石流的目的，效果不是很显著。将锚杆、锚索技术投入到格栅坝与重力坝中，不仅可以减少支墩的使用数量，减少占地面积，还可以使坝体更坚固、更好地在泥石流防治工程中实现它的功能和作用。

4. 喷射混凝土

喷射细石混凝土技术又称为喷浆技术，对于山体坡度小于80°的陡峭边坡，当边坡整体稳定性良好时，为防止坡面碎石、软土坍塌陷落，最简单的做法就是在坡面采用喷射细石混凝土技术。例如，在天山独库 G217 线 K593+230～K593+480 段山体采用喷射细石混凝土的方式进行防护，见表 8-2，该路段碎落频发严重，小雨弱风就会诱发碎落，严重时一天内连续发生多次零散的碎落。喷浆技术施工工艺流程包括清理坡面、排水孔成孔、喷射砼、养生，如图 8-6、图 8-7 所示。

表 8-2　G217 线山体喷浆路段一览表

序号	桩号	长度/m	形式	备注
1	K581+590～K581+630	40	湿喷法	
2	K578+480～K578+520	40	湿喷法	
3	K593+300～K593+400	100	湿喷法	

图 8-6　正在实施山体喷浆

图 8-7　实施山体喷浆后效果显著

5. 排水沟

设立排水沟属于防护工程中的一种措施，如图 8-8 所示，其目的在于控制泥石流形成的水动力条件，减少固体物质补给来源，从而防止泥石流发生或者减小泥石流规模。排水沟一般设在形成区，可以直接隔离上游水土或者将水直接排导到安全地区。

图 8-8　K600 排水沟相关设施

6. 挡土墙技术

挡土墙是用来支撑场地（地基）小型冰碛物滑体或山坡土体、防止填土或土体变形失稳的一种构造物。挡土墙按照墙体材料可分为石砌挡土墙、混凝土挡土墙、钢筋混凝土挡土墙、钢板挡土墙等。图 8-9 所示为典型的石砌重力式挡土墙。挡土墙结构设计必须保证挡土墙有足够的强度承受岩土侧压力，同时注意在挡土墙后设置排水层，挡土墙体内设置排水孔（管），将挡土墙后的地下水及时疏通，可降低或消除静水压力作用（王伟和王桂芹，2006；陈宁生等，2010b）。

石砌重力式挡土墙　　　　　　　　　　　　　　　　石笼防护

图 8-9　独库公路（小型泥石流防护）

7. 防护网

在容易产生山体滑坡、垮塌的山区等地，被动防护网和主动防护网都具有不可取代的重要作用。被动防护网是在公路边立一道钢丝绳网和菱形网复合防护层，如图 8-10～图 8-12 所示，跌落的石头将被网子挡住，保护下面的汽车等，对所防护的区域形成面防护，从而阻止崩塌岩石土体下坠，起到防护作用，这种方式应用于坡度小的山崖防护（张小刚等，2013）。主动防护网是菱形网，紧贴山体，将松散的石头压在山体上，不让石头跌落。这种方式广泛应用于悬崖防护，以限制坡面岩石土体的风化剥落或破坏及岩体崩塌（加固作用）。

图 8-10　独库公路主动防护网施工及灾害保护效果

图 8-11　G217 安装拦石墙上防护网

8. 防石走廊遮挡

独库公路冻融破坏严重，导致岩石掉块滚落频发，为道路保通、抢通提供了障碍。独库公路采用遮挡措施，即遮挡斜坡上部的塌方物。这种措施常用于中、小型塌方或人工边坡塌方的防治，通常采用修建明洞、棚洞。G217 线 K616+200 ~ K616+472.4 段采用防石走廊遮挡，如图 8-13 所示。

为防止防石走廊顶部长期流水、渗水，造成顶面、墙体腐蚀，水泥路面长期湿滑，严重影响行车安全，建议日常修复墙体裂缝、损坏等病害；定期检查及清理排水设施。为延长走廊的使用寿命，提高走廊的安全性，需对防石走廊顶面进行防水处治。使得路面日常保洁；注意防水避免路面湿滑，可采用适当防滑措施来保证路面的抗滑性能。

9. 生物治理（绿化）

恢复植被和合理耕牧等改善绿化的方法也是千米级冰川泥石流防治的一项生物措施。

图 8-14　独库公路交通工程辅助措施

安全警示效果良好。

10. 预警预报系统

对线状交通干线和点状重要工程、基础设施及城镇居民点影响较大的灾害泥石流进行监测、预警预报，是费省效宏的防御措施，也是必然措施。

泥石流科学预警即基于泥石流起动机理的警报，主要通过设立传感器感受暴雨泥石流幅频信号，再通过先进的传输手段建立预警系统。国内外众多学者和研究机构对泥石流形成的基本条件和激发因素进行了系统研究，提出了泥石流发生的判别依据，开展了泥石流监测，并建立了泥石流的判别模式。泥石流监测和警报仪器在泥石流防灾减灾中发挥了重要作用，仪器可分为接触式警报仪器和非接触式警报仪器。

1）接触式警报仪器。在泥石流沟道内布设应力、应变和位移等传感器，传感器自动感应沟道内各处的应力、应变及位移变化，根据各物理量的变化判断泥石流是否发生，并估计其规模。主要的接触式警报仪器有钢索监测器、压力式泥位计、冲击力监测器等。

2）非接触式警报仪器。非接触式警报仪器通过仪器在不接触泥石流体的情况下获得泥石流的影像、声音、振动、泥位等信息，判断泥石流是否发生，并估计其规模，主要有摄像机、超声波（激光）泥位报警仪、地声警报器、次声警报器等。

以新疆 G217 天山公路为例，该路段途径山区，由于山上冰雪及冻土融化，会形成两条泥石流沟，当泥石流地灾发生时会对山下公路形成冲击，给公路正常运行造成安全隐患和影响；为保证公路安全运营，一旦泥石流地灾发生，公路管理养护方能第一时间发现，及时采取措施处理，把泥石流地灾对公路正常运营造成的影响降到最低，研究团队参与并设计建立了相对完善的、智能化的泥石流监测预警预报系统。该安全监测系统是于泥石流沟内布置自动监测仪器设备，通过智能传感器自动化测量、北斗卫星通信及计算机技术实现对泥石流沟安全进行全天候自动监测、监控、分析和报警的系统。

8.2　天山公路救灾抢通治理措施

受制于千米级冰川泥石流的丰富物源、强劲雪水动力条件和高陡地形条件，独库公路的运营在后续几十年还会经常受泥石流灾害的困扰。冰川泥石流灾害失稳后治理的基本依据主要是在工程设计和施工中设置并完善排水系统，避免地表水入渗；同时对已有塌陷坑进行填堵处理，防止地表水注入。其具体的治理措施包括采用机械手段直接开挖、修建排导槽、隧道和涵洞等。

1. 机械抢通

独库公路修建完成后主要由奎屯公路局独山子分局负责养护，公路人作为天山公路守护者，他们几十年如一日为天山公路的保通抢通贡献了自己的芳华。

2012 年 7 月 29 日，G217 线 K627+750 ~ K628 段连续的暴雨引发塌方，导致公路被掩埋，阻断交通。经测量塌方数量为 2 万 m³。分局领导迅速组织抢险人员赶到现场，并对现场进行仔细勘察，随后，积极组织人员进行交通疏导，出动装载机，先开辟出一条车道，保证间断性通车。在此次 K627+750 ~ K628+000 段塌方清理过程中抢险人员吃饭时发生二次塌方，公路再次被阻断，如图 8-15 所示。经过养护人员十几小时的清理，7 月 30 日傍晚路面完全恢复畅通。此次清理工作共出动装载机一台，抢险人员 20 人，车辆 3 辆，共计清理塌方两万余立方米。

图 8-15　K627+750 处山体崩塌与 K636 泥石流机械正在抢通

2. 排导工程

独库公路的泥石流排导工程是利用已有的天然沟道或者人工开挖及填筑形成的一种开

敞式过流建筑物。其主要功能是将失稳后形成的冰碛物泥石流顺畅地排入下游非危险区，以控制泥石流对下游流通区和堆积区的淤埋和冲击作用，因此，排导工程主要设置在泥石流沟的流通段及堆积区。泥石流排导工程能够调节流路，限制漫流，改善沟槽纵坡，调整过流断面，控制泥石流流速和输沙能力，属于永久性工程，主要类型有排导槽、渡槽、明硐等（徐海洋等，2008）。

以排导槽为例，独库公路 G217 的泥石流排导槽的主要作用是通过人工渠槽控制泥石流流路，并将其引离被保护的建筑物或地区。排导槽自上而下由进口段、急流段和出口段三部分组成（图 8-16），由于各部分的作用与功能不同，对其平面布置的要求也就不一样。排导槽的总体布置应根据防护区范围及沟道等有利地形，力求达到线路顺直、长度较短、纵坡大，排泄顺畅、安全，被占土地少，工程投资节省，便于施工和运行管理。排导槽一般沿沟道布设，必要时也可沿扇形地的一侧布设（置）或走扇脊及扇间凹地，还应与现有工程及沟道的防治规划保持一致。

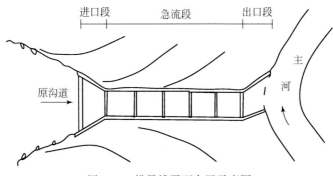

图 8-16　排导槽平面布置示意图

泥石流排导工程有结构简单、施工及维护方便、造价低廉、效益明显等优点。但是排导工程仅仅是一种消极的措施，它既不能控制泥石流的形成，也不能削减排入主河的泥石流体数量，仅能暂时消除或减轻灾害。其主要适用于中上游修建工程难度大或效果不明显，而下游受害对象分布较集中的泥石流流域，通过排导消除泥石流的主要危害。

3. 跨越工程

跨越工程是指修建涵洞、桥梁，从泥石流沟上方跨越通过，让泥石流在其下方排泄，用以避防泥石流（图 8-17）。

以涵洞为例，泥石流涵洞是保障公路或铁路跨越沟或河或山谷等平顺安全连接的主要带状物。在公路工程建设中，于泥石流通过公路的地方，让泥石流通过路面下方修筑的过路涵洞以后再翻转到地面上来，其形状有管形、箱型和拱形。常用砖、石、混凝土和钢筋混凝土等材料筑成。

涵洞通常由洞身、洞口建筑两大部分组成。洞身由若干管节组成，是涵洞的主体，主要作用是承受活载压力和土压力并将其传递到路基，因此洞深要求坚固和稳定；端墙和翼墙位于入口和出口及两侧，起挡土和导流作用，同时还可以保护路堤边坡不受水流冲刷。洞口建筑结构接洞身及路基边坡，洞口分为进水口和出水口两个基本部分。涵洞与路线相

图 8-17　新疆公路桥梁工程跨越泥石流沟

交，可分为正交和斜交两种，根据实际选择是正交还是斜交，当涵洞纵轴与路线轴线不垂直时，称为涵洞与路线斜交，涵洞标准图上所列常用斜交角为 75°、60° 和 45°。

在冰川泥石流区进行小桥涵布置和设计，不能单纯从经济造价方面来考虑布置涵洞或小桥，需要根据地形地貌、水文地质、水力环境、泥石流沟分布、泥石流规模及施工养护等协同考虑。因此，在桥涵布置和优化设计前，有必要调查和分析泥石流区已建涵洞毁损状况和特征。

泥石流地区涵洞的选择应主要考虑地形、泥石流特征和涵洞水力条件，当河沟地处陡峭山谷或冲积堆时，漂流物多，有泥石流运动，宣泄的设计流量较大时，设计流量大于 $20\text{m}^3/\text{s}$，宜采用盖板涵。泥石流地区必须考虑合适的进出口形式和涵洞铺底，因此必须加固基础或涵底铺砌，保证进出口、基底及附加路基不被水毁。当路堤高度超过 6m 时，泥石流流量较大，选用钢筋混凝土盖板涵较为经济。

涵洞施工工艺流程：基坑开挖→筑基础砼→箱底浇筑→涵身浇筑→盖板现浇涵背两侧的填筑。

涵洞平面布置图如图 8-18 所示，纵、横断面分别如图 8-19 和图 8-20 所示。

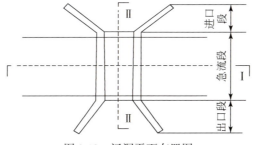

图 8-18　涵洞平面布置图

4. 穿过工程

穿过工程指修建隧道、明洞和渡槽（图 8-21），从泥石流沟下方固结较好的冰碛物中通过，而让冰碛物从其上方排泄的泥石流治理措施。

以隧道为例，泥石流隧道是指采用隧道使公路从泥石流堆积体内横向穿越的防治工程

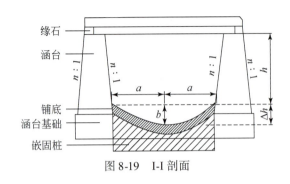

图 8-19　I-I 剖面

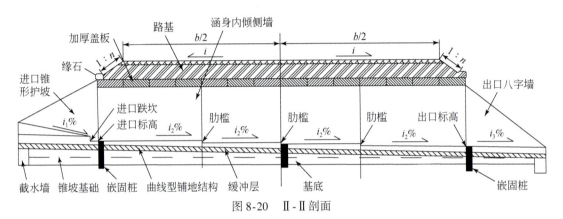

图 8-20　Ⅱ-Ⅱ剖面

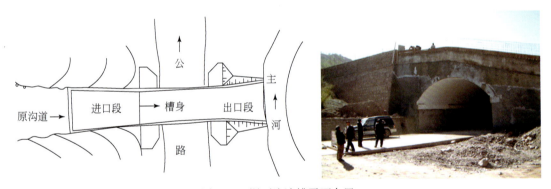

图 8-21　泥石流渡槽平面布置

结构形式，建成后泥石流体从泥石流隧道顶部宣泄，确保公路交通运输的有序进行，该技术对于公路穿越大型及特大型泥石流沉积区是非常有效的。

泥石流隧道在泥石流堆积体中的位置如图 8-22 所示，纵、横断面分别如图 8-23 和图 8-24 所示。隧道内路面坡降沿纵断面中高两端低，沿横断面两侧低中部高。实施泥石流隧道必须准确地确定后期泥石流体的最大切割深度（一般宜按 20 年一遇的泥石流重现期确定）。

设计中应注意以下几个关键问题。

洞口位置：具体要求请参考公路隧道规范，但是洞门应控制泥石流体在洞口段的侧向

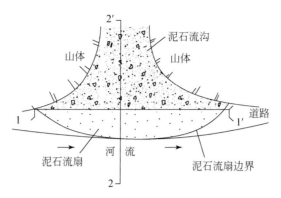

图 8-22　泥石流隧道平面图

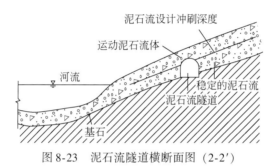

图 8-23　泥石流隧道横断面图（2-2′）

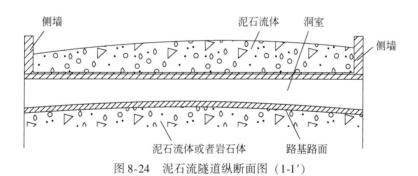

图 8-24　泥石流隧道纵断面图（1-1′）

流动。

洞身位置：泥石流隧道外侧应置于江河的岸坡再造带内侧。

泥石流隧道结构：应加强结构整体性，提高洞顶圬工强度及耐磨性，加强排水，减小动水压力，防止渗水，在泥石流隧道内侧宜设置泄水孔，纵横向排水盲沟，或修建与洞身平行的泄水洞，必要时可设仰拱。

泥石流隧道材料可以为圬工及钢筋混凝土，为确保结构的稳定性，圬工宜采取混凝土现浇方法，承受偏压及荷载较大时可选用钢筋混凝土修建。

参 考 文 献

爱·德比希尔，陈吉阳，邓养鑫，等.1982.庐山的困境：长江以南的更新世冰川作用［J］.冰川冻土，4（4）：1-26.

白永健，郑万模，邓国仕，等.2011.四川丹巴甲居滑坡动态变形过程三维系统监测及数值模拟分析［J］.岩石力学与工程学报，30（5）：974-981.

卜祥航，傅荣华，李川，等.2013.溜砂坡防治措施之棚硐和挡砂墙工程研究［J］.水利与建筑工程学报，11（2）：82-85.

卜祥航，唐川，蒋志林，等.2016.强震区岷江沿岸泥石流物源体积估算模型与演变特征［J］.工程地质学报，24（1）：73-77.

卜祥航.2013.散粒体斜坡地质灾害挡排固砂工程防治技术研究［D］.成都理工大学硕士学位论文，

蔡明娟，包卫星，林达明，等.2017.高寒深切条件下公路边坡的北斗监测系统实现方案［J］.公路，（3）：62-65.

曹华峰.2007.边坡工程监测理论与技术基础初步研究［D］.中国地震局工程力学研究所博士学位论文.

曹建军.2014.风化堆积体滑坡稳定性分析方法及支护技术研究［D］.西安科技大学博士学位论文.

曹兴，万瑜，崔玉玲，等.2013.中天山北坡近30年相对湿润指数变化趋势分析［J］.干旱地区农业研究，31（3）：244-251.

常鸣.2014.基于遥感及数值模拟的强震区泥石流定量风险评价研究［D］.成都理工大学博士学论文.

常涛，罗静.2002.7月暴雨袭天山8月气温破极值［J］.沙漠与绿洲气象，25（5）：34-35.

常鸣，唐川.2014.基于水动力的典型矿山泥石流运动模式研究［J］.水利学报，45（11）：1318-1326.

常鸣，唐川，付荣，等.2012a.水打沟泥石流形成条件及其静动力学特征［J］.水电能源科学，（8）：104-106.

常鸣，唐川，李为乐，等.2012b.汶川地震区绵远河流域泥石流形成区的崩塌滑坡特征［J］.山地学报，（5）：561-569.

常鸣，唐川，苏永超，等.2012c.雅鲁藏布江米林段泥石流堆积扇危险范围预测模型［J］.工程地质学报，20（6）：971-978.

常鸣，唐川，夏添，等.2012d.强震区泥石流堆积物的演化特征与方量估算模型［J］.水利学报，（s2）：117-121.

陈洪凯.2004.公路泥石流研究及治理［M］.北京：人民交通出版社.

陈洪凯，唐红梅，陈野鹰.2007.公路泥石流力学［M］.北京：科学出版社.

陈洪凯，唐红梅，鲜学福.2009.沟谷泥石流运动过程模型试验［J］.自然灾害学报，18（6）：160-165.

陈剑平，李会中.2016.金沙江上游快速隆升河段复杂结构岩体灾变特征与机理［J］.吉林大学学报（地），46（4）：1153-1167.

陈俊杰，周跃志，张燕，等.2008.天山北坡经济带42a来气温和降水变化特征分析［J］.干旱区资源与环境，22（10）：72-77.

陈立辉.2012.基于北斗卫星和GPRS双信道通信的水雨情自动测报系统设计与实现［D］.浙江工业大学博士学位论文.

陈宁生，张军.2001.泥石流源区弱固结砾石土的渗透规律［J］.山地学报，19（2）：169-171.

陈宁生，陈瑞.2002.培龙沟泥石流及其堵江可能性探讨［J］.山地学报，20（6）：738-742.

陈宁生，王旭.2002.康定雅拉河无名沟崩滑坡面泥石流峰值流速流量的沿程变化特征［J］.成都理工大学学报（自然科学版），29（6）：674-679.

陈宁生，王中华.2002.中尼公路泥石流的分布规律与基本特征［J］.中国地质灾害与防治学报，

13 (1): 44-48.

陈宁生，崔鹏，刘中港，等．2003．基于黏土颗粒含量的泥石流容重计算 [J]．中国科学：技术科学，33 (s1): 164-174.

陈宁生，崔鹏，王晓颖，等．2004a．地震作用下泥石流源区砾石土体强度的衰减实验 [J]．岩石力学与工程学报，23 (16): 2743-2743.

陈宁生，高延超，李东风，等．2004b．丹巴县邛山沟特大灾害性泥石流汇流过程分析 [J]．自然灾害学报，13 (3): 104-108.

陈宁生，谢万银，李战鲁．2004c．中国西南山区的泥石流分区与预测 [J]．高原气象，23 (s1): 134-140.

陈宁生，崔鹏，姚令侃，等．2009a．山区道路泥石流工程防治原则与模式 [J]．中国地质灾害与防治学报，20 (1): 1-5.

陈宁生，黄蓉，李欢，等．2009b．汶川5·12地震次生泥石流沟应急判识方法与指标 [J]．山地学报，27 (1): 108-114.

陈宁生，杨成林，李战鲁，等．2009c．泥石流弯道超高与流速计算关系的研究——以巴塘通戈顶沟地震次生泥石流为例 [J]．工程科学与技术，41 (3): 165-171.

陈宁生，邓明枫，胡桂胜，等．2010a．地震影响下西南干旱山区泥石流危险性特征与防治对策 [J]．工程科学与技术，42 (s1): 1-6.

陈宁生，周伟，杨成林，等．2010b．工矿弃土弃渣泥石流灾害工程治理模式与应用 [J]．矿业研究与开发，30 (4): 84-87.

陈宁生，张飞．2006．2003年中国西南山区典型灾害性暴雨泥石流运动堆积特征 [J]．地理科学，26 (6): 701-705.

陈宁生，周海波，胡桂胜．2011．气候变化影响下林芝地区泥石流发育规律研究 [J]．气候变化研究进展，7 (6): 412-417.

陈宁生，周海波，卢阳，等．2013．西南山区泥石流防治工程效益浅析 [J]．成都理工大学学报（自然科学版），40 (1): 50-58.

陈永立，陈群国，张亚峰．2012．基于CORS系统的地质灾害监测预警系统的设计与实现 [J]．测绘与空间地理信息，35 (1): 78-81.

陈志波，简文彬．2005．位移监测在边坡治理工程中的应用 [J]．岩土力学，(s1): 310-313.

程谦恭．1999．高速岩质滑坡动力学 [M]．成都：西南交通大学出版社．

程温鸣．2014．基于专业监测的三峡库区蓄水后滑坡变形机理与预警判据研究 [D]．中国地质大学（北京）博士学位论文．

崔鹏，唐金波，林鹏智．2016．泥石流运动阻力特性及其研究进展 [J]．工程科学与技术，48 (3): 1-11.

崔鹏，苏凤环，邹强，等．2015．青藏高原山地灾害和气象灾害风险评估与减灾对策 [J]．科学通报，(32): 3067-3077.

邓建辉，李焯芬，葛修润．2001．岩石边坡松动区与位移反分析 [J]．岩石力学与工程学报，20 (2): 171-174.

邓卫东，宁琳．2010．公路景观设计的作用与地位 [J]．公路交通技术，(5): 141-143.

邓文彬．2014．天山公路病害区域划分及临界雨量研究 [J]．地理空间信息，(4): 4-6.

邓养鑫．1980．西藏古乡地区的雪崩及其在高山自然地理过程中的作用 [J]．地理学报，(3): 242-250.

邓养鑫．1983．天山博格达峰地区的冰川泥石流 [J]．冰川冻土，5 (3): 235-241.

邓养鑫．1994．天山独（山子）库（车）公路北段泥石流研究 [J]．干旱区地理，(1): 30-37.

邓养鑫．1995．冰碛转化为冰川泥石流堆积过程及其沉积特征 [J]．沉积学报，(4): 37-48.

邓养鑫 . 1996. 冰碛与冰川泥石流堆积研究的若干新成果［J］. 冰川冻土，（s1）：250-256.

邓晓峰 . 1997. 天山独库公路冰川泥石流堆积与冰碛石组构特征［J］. 山地学报，（3）：192-196.

邓养鑫，邓晓峰 . 1983. 天山博格达峰地区现代冰缘地貌特征［J］. 冰川冻土，1983，5（3）：179-190.

都伟冰 . 2014. 冰川信息多源遥感提取及天山东段典型冰川变化监测研究［D］. 河南理工大学博士学位
　论文 .

方群生，唐川，程霄，等 . 2015. 汶川震区泥石流流域内滑坡物源量计算方法探讨［J］. 水利学报，
　46（11）：1298-1304.

方群生，唐川，王毅，等 . 2016. 汶川极震区泥石流动储量与总物源量计算方法研究［J］. 防灾减灾工
　程学报，（6）：1008-1014.

费祥俊，舒安平 . 2004. 泥石流运动机理与灾害防治［M］. 北京：清华大学出版社 .

甘捷 . 2013. 基于北斗的三峡库区地质灾害监测预警系统研究［C］. 中国卫星导航学术年会 .

高志勇 . 2010. 暴雨诱发的地质灾害遥感监测与评估——以三峡库区重庆主城段崩塌灾害为例［D］. 西
　南大学博士学位论文 .

葛国际 . 2013. 天山八音沟河流域气温特征分析［J］. 甘肃水利水电技术，49（1）：1-3.

顾文韬 . 2015. 汶川地震极震区泥石流物源特征及启动机理研究——以高川乡、清平乡、映秀镇三大研究
　区为例［D］. 成都理工大学硕士学位论文 .

顾文韬，裴向军，裴钻，等 . 2015. 极震区震后泥石流物源特征研究［J］. 自然灾害学报，（2）：
　107-114.

郭晋 . 2011. 北斗与 GPS 导航定位系统对比分析研究［J］. 科技资讯，（28）：60.

郭玲鹏，李兰海，徐俊荣，等 . 2012. 天山巩乃斯河谷积雪深度及季节冻土温度对气温变化的响应［J］.
　资源科学，34（4）：636-643.

郭永建 . 2009. 公路岩质高边坡稳定分析中的敏感性研究［D］. 长安大学硕士学位论文 .

国家防汛总指挥部办公室 . 1994. 山洪泥石流滑坡灾害及防治［M］. 北京：科学出版社 .

韩浩 . 2010. 坡面降雨径流泥沙起动规律初步研究［D］. 西北农林科技大学博士学位论文 .

韩添丁，叶柏生，焦克勤 . 2002. 天山天格尔山南北坡气温变化特征研究［J］. 冰川冻土，24（5）：
　567-570.

郝斌 . 2006. 基于北斗卫星的野外移动定位环境监测技术研究［D］. 南京航空航天大学硕士学位论文 .

郝红兵，赵松江，李胜伟，等 . 2015. 汶川地震区特大泥石流物源集中启动模式和特征［J］. 水文地质
　工程地质，42（6）：159-165.

何朝阳，巨能攀，黄健 . 2014. 地质灾害监测数据集成系统设计及实现［J］. 工程地质学报，22（3）：
　405-411.

何鹃 . 2013. 道路参数监测预警系统中的数据传输技术研究［D］. 吉林大学博士学位论文 .

何满潮 . 2009. 滑坡地质灾害远程监测预报系统及其工程应用［J］. 岩石力学与工程学报，28（6）：
　1081-1090.

何娜 . 2013. 撒落型散粒体斜坡变形破坏机制试验研究［D］. 成都理工大学博士学位论文 .

何娜，傅荣华，卜祥航，等 . 2012. 散粒体斜坡运动堆积特征试验研究［J］. 地质灾害与环境保护，
　23（1）：50-53.

何毅，杨太保，陈杰，等 . 2015. 1972～2013 年东天山博格达峰地区冰川变化遥感监测［J］. 地理科学，
　35（7）：925-932.

贺日政，高锐，李秋生，等 . 2001. 新疆天山（独山子）–西昆仑（泉水沟）地学断面地震与重力联合反
　演地壳构造特征［J］. 地球学报，22（6）：553-558.

贺小黑，王思敬，肖锐铧，等 . 2014. Verhulst 滑坡预测预报模型的改进及其应用［C］. 中国科学院地质

与地球物理研究所 2013 年度论文集.

胡进, 朱颖彦, 杨志全, 等 . 2013. 中巴公路沿线冰川泥石流的形成与危险性评估 [J]. 地质科技情报, (6): 181-185.

胡凯衡, 崔鹏, 游勇, 等 . 2011. 物源条件对震后泥石流发展影响的初步分析 [J]. 中国地质灾害与防治学报, 22 (1): 1-6.

胡双熙, 章家恩, 马玉贞, 等 . 1998. 天山中段冰川环境变迁与高山土壤的形成演化 [J]. 土壤学报, (2): 243-253.

胡彦华, 章新川, 马孝魁, 等 . 2004. 北斗卫星在陕南雨量监测系统中的应用 [J]. 电网与清洁能源, 20 (s1): 66-69.

黄端 . 2016. 新疆伊犁河谷多源遥感影像地质灾害动态监测研究 [D]. 江西理工大学硕士学位论文.

黄健, 巨能攀, 何朝阳, 等 . 2015. 基于新一代信息技术的地质灾害监测预警系统建设 [J]. 工程地质学报, 23 (1): 140-147.

黄润秋, 祁生文 . 2017. 工程地质: 十年回顾与展望 [J]. 工程地质学报, 25 (2): 257-276.

黄双, 陈剑平, 潘玉珍, 等 . 2012. 分形理论在泥石流危险度评价中的应用 [J]. 吉林大学学报 (地球科学版), (s3): 214-219.

姜屏 . 2012. 基于位移实时监测的季节冰冻区土质边坡稳定性分析方法研究 [D]. 吉林大学博士学位论文.

蒋志林 . 2014. 基于 RS 的震区泥石流物源演化特征分析——以四川省汶川县映秀地区为例 [D]. 成都理工大学博士学位论文.

蒋志林, 朱静, 常鸣, 等 . 2014. 汶川地震区红椿沟泥石流形成物源量动态演化特征 [J]. 山地学报, 32 (1): 81-88.

康永红 . 2005. 高等级公路边坡变形监测研究及数据管理系统的开发 [D]. 中南大学硕士学位论文.

蓝永超, 吴素芬, 钟英君, 等 . 2007. 近 50 年来新疆天山山区水循环要素的变化特征与趋势 [J]. 山地学报, 25 (2): 177-183.

雷显权 . 2013. 天山造山带构造变形与造山作用数值模拟研究 [D]. 中南大学博士学位论文.

李宾, 裴向军 . 2012. 国道 217 线天山公路溜砂坡病害形成机制分析及防治对策 [J]. 路基工程, (2): 174-177.

李成, 王让会, 黄进 . 2013. 天山北麓近 50 年气温和降水的变化特征 [J]. 水土保持研究, 20 (6): 117-124.

李成, 王让会, 黄进, 等 . 2015. 天山地区未来日极端气温变化的统计降尺度分析 [J]. 干旱区资源与环境, 29 (3): 144-149.

李川 . 2013. 散粒体斜坡破坏机制及破坏判据研究 [D]. 成都理工大学博士学位论文.

李川, 傅荣华, 魏丽娜, 等 . 2012. 散粒体斜坡堆积特性与崩坍形式研究 [J]. 地质灾害与环境保护, 23 (3): 68-72.

李冬航, 过静珺, 周百胜, 等 . 2006. 北斗一号导航卫星通信技术在滑坡自动化监测系统中的应用 [J]. 工程勘察, (9): 39-43.

李发斌, 韦方强, 胡凯衡 . 2006. 山区公路地质灾害减灾决策支持系统——以西藏古乡沟泥石流为例 [J]. 中国地质灾害与防治学报, 17 (4): 52-56.

李海燕 . 2014. 天山山区暴雨过程的多尺度综合分析及动力诊断 [D]. 兰州大学博士学位论文.

李鸿琏, 蔡祥兴 . 1989. 中国冰川泥石流的一些特征 [J]. 水土保持通报, (6): 1-9.

李吉均, 张林源, 邓养鑫, 等 . 1983. 庐山第四纪环境演变和地貌发育问题 [J]. 中国科学: 化学 生物学 农学 医学 地学, 13 (8): 734-745.

李坚 . 2006. "北斗一号" 与全球定位系统性能比较 [J] . 广州航海学院学报，14 (2)：26-28.

李建林，张洪云，李振林 . 2012. 矿山泥石流沟谷形态的分形分维 [J] . 中国地质灾害与防治学报，23 (1)：1-5.

李俊才，胡卸文 . 2001. 金沙江向家坝库区泥石流发育状况及其沟谷形态的非线性特征 [J] . 山地学报，19 (1)：29-32.

李俊松 . 2012. 基于影响分区的大型基坑近接建筑物施工安全风险管理研究 [D] . 西南交通大学博士学位论文 .

李丽 . 2012. 强震区群发性沟谷型泥石流地形因子研究 [D] . 成都理工大学硕士学位论文 .

李学兰，董艳辉，李帝铨 . 2016. 基于地下水数值模拟的地球物理反演解释优化方法研究 [J] . 工程地质学报，24 (6)：1333-1343.

李严严 . 2015. 快速隆升怒江上游松塔水电站坝区岩体结构特征研究 [D] . 吉林大学博士学位论文 .

李忠勤，王飞腾，朱国才，等 . 2007. 天山庙尔沟平顶冰川的基本特征和过去 24a 间的厚度变化 [J] . 冰川冻土，V29 (1)：61-65.

梁京涛，唐川，王军，等 . 2013. 强震区小流域泥石流发育特征研究——以四川省绵竹市罗家沟泥石流为例 [J] . 灾害学，28 (3)：100-104.

林达明，尚彦军，孙福军，等 . 2011a. 岩体强度估算方法研究及应用 [J] . 岩土力学，32 (3)：837-842.

林达明，尚彦军，吴锋波，等 . 2011b. 基于矿物结构与钻探的花岗岩地质强度指标研究及应用 [J] . 岩石力学与工程学报，30 (4)：761-768.

林达明，袁广祥，尚彦军，等 . 2013. 基于岩芯分级的 Hoek-Brown 准则参数研究及应用 [J] . 岩石力学与工程学报，32 (1)：143-149.

林达明，尚彦军，金维浚，等 . 2014. 岩石物性与岩体结构物性研究进展 [J] . 工程地质学报，22 (6)：1154-1158.

刘耕年，熊黑钢 . 1994. 天山高山冰缘环境的融冻泥流作用 [J] . 地理学报，(4)：363-370.

刘欢 . 2011. 白银煤矿区矿山地质灾害遥感监测及危险性评价 [D] . 中南大学博士学位论文 .

刘丽娜，许冲，陈剑 . 2015. 基于地貌信息熵与滑坡物源的芦山地震区泥石流危险性评价 [J] . 地震地质，37 (3)：880-892.

刘琳，张正勇，颜巧 . 2015. 天山北坡潜在蒸发量时空分布特征 [J] . 水土保持研究，22 (5)：306-311.

刘绍波 . 2010. 边坡数字无线监测系统关键技术研究 [D] . 中国科学院研究生院（武汉岩土力学研究所）博士学位论文 .

刘韬，徐湘涛，陈世昌 . 2014. GPS 自动化监测技术在接娘坪变形体中的应用 [J] . 工程地质学报，22 (3)：428-435.

刘亚平，侯书贵，任贾文，等 . 2006. 东天山庙儿沟平顶冰川钻孔温度分布特征 [J] . 冰川冻土，28 (5)：668-671.

刘洋，唐川，李为乐，等 . 2013. 四川省都江堰市龙池地区群发性泥石流物源敏感性分析 [J] . 灾害学，28 (2)：107-113.

刘永莉 . 2011. 分布式光纤传感技术在边坡工程监测中的应用研究 [D] . 浙江大学博士学位论文 .

柳广春 . 2008. GPS 与 TCA 结合在三峡高切坡监测中的应用研究 [D] . 江西理工大学博士学位论文 .

龙万学 . 2008. 监测预报技术在滑坡信息化施工中的应用 [J] . 公路工程，33 (3)：18-20.

龙万学，谭勇鸿，林剑 . 2009. 基于 GIS 的贵州省地质灾害危险性评价 [J] . 地理空间信息，7 (6)：24-27.

龙万学，林剑，许湘华，等 . 2008. Verhulst 反函数模型滑坡起始预测时刻的选择 [J] . 岩石力学与工程学报，27（s1）：3298-3304.

卢书强，许模.2009.基于 GSI 系统的岩体变形模量取值及应用［J］.岩石力学与工程学报，28（增1）.

卢中帅.2016.基于遥感技术的地质灾害体变化监测及危险性评价［D］.中国地质大学（北京）博士学位论文.

陆峰.2001.边坡监测的模式识别和极限分析研究［D］.中国水利水电科学研究院博士学位论文.

陆金平.2008.GPS 技术在矿山边坡变形监测中的应用［D］.江西理工大学博士学位论文.

罗晓娟，杨时英，胡炳坤，等.2009.基于数字高程模型的泥石流沟谷地形特征研究［J］.西部探矿工程，21（s1）：222-224.

马比阿伟.2015.中天山构造带东南缘蛇绿岩的成因及地质意义［D］.新疆大学博士学位论文.

马吉磊，林达明，张高强，等.2017.走滑断层区域公路边坡的北斗监测系统优化设计［J］.公路交通科技（应用技术版），（4）：40-42.

马绪宣.2014.中国中天山前寒武纪构造属性及古生代构造演化［D］.南京大学博士学位论文.

穆振侠，姜卉芳，刘丰，等.2007.天山西部山区降雨量空间分布的研究［J］.新疆农业大学学报，30（1）：75-77.

牛生明，李忠勤，怀保娟.2014.近50年来天山博格达峰地区冰川变化分析［J］.干旱区资源与环境，28（9）：134-138.

潘聪.2015.汶川县七盘沟泥石流斜坡物源启动模式及动储量预测研究［D］.西南交通大学博士学位论文.

庞恒茂.2013.边坡监测中多源信息融合技术研究［D］.沈阳航空航天大学博士学位论文.

彭双姿，卿燃莉，刘丽萍，等.2011.冬季降雪、积雪时地温观测常见问题探讨［J］.贵州气象，35（3）：54-57.

蒲红铮，韩添丁，成鹏，等.2015.天山南北坡流域气温时空变化特征［J］.高原气象，34（3）：753-761.

蒲建华.2014.高速公路边坡监测及信息管理系统应用研究［D］.成都理工大学硕士学位论文.

祁龙.1998.冰川，积雪及泥石流灾害研究的回顾与设想［J］.冰川冻土，20（3）：249-257.

钱宁，万兆惠.1983.泥沙运动力学［M］.北京：科学出版社.

乔建平，黄栋，杨宗佶，等.2012.汶川地震极震区泥石流物源动储量统计方法讨论［J］.中国地质灾害与防治学报，23（2）：1-6.

仇家琪，邓养鑫.1983.天山博格达峰地区的雪崩［J］.冰川冻土，5（3）：227-234.

屈永平，唐川，刘洋，等.2015a.西藏林芝地区冰川降雨型泥石流调查分析［J］.岩石力学与工程学报，（s2）：4013-4022.

屈永平，朱静，卜祥航，等.2015b.西藏林芝地区冰川降雨型泥石流起动实验初步研究［J］.岩石力学与工程学报，（s1）：3256-3266.

阙云，王成华.2006.溜砂坡工程固砂机理简析［J］.水土保持通报，26（6）：44-47.

任志刚，裴向军，顾文韬.2016.基于多元非线性回归的极震区泥石流物源量估算模型［J］.水电站设计，32（3）：56-61.

戎斌斌.2010.边坡抗滑桩空间优化布置与安全监测［D］.浙江大学建筑工程学院 浙江大学博士学位论文.

单博.2014.基于3S 技术的奔子栏水源地库区库岸地质灾害易发性评价及灾害风险性区划研究［D］.吉林大学博士学位论文.

沈强.2007.山区高速公路层状岩质边坡稳定性监测与预测方法研究［D］.中国科学院研究生院（武汉岩土力学研究所）博士学位论文.

沈永平，苏宏超，王国亚，等.2013.新疆冰川、积雪对气候变化的响应（II）：灾害效应［J］.冰川冻土，35（6）：1355-1370.

施雅风.2010.论李四光教授的庐山第四纪冰川是对泥石流的误读 [J].地质论评，56（5）：683-692.

石菊松.基于遥感和地理信息系统的滑坡风险评估关键技术研究 [D].中国地质科学院博士学位论文.

石遥.2013.基于遥感技术的公路洪水灾害监测和预警技术研究 [D].长安大学硕士学位论文.

时环生.2008.独库公路独山子至那拉提段地质灾害分析与防治 [J].国防交通工程与技术，6（3）：
53-56.

宋建波，张倬元，于远忠等.2002.岩体经验强度准则及其在地质工程中的应用 [M].北京：地质出
版社.

宋盛渊.2016.快速隆升怒江河段松塔水电站坝肩岩体结构特征及质量空间分区研究 [D].吉林大学博
士学位论文.

宋腾蛟.2015.金沙江奔子栏水源地库区单体滑坡稳定性智能评估及滑坡灾害区域风险分析 [D].吉林
大学博士学位论文.

苏永华，封立志，李志勇，等.2009.Hoek-Brown 准则中确定地质强度指标因素的量化.[J].岩石力学
与工程学报，28（4）：679-686.

孙才奇，李川川，陈艺鑫，等.2013.天山冰缘环境活动层冻融过程定位观测研究 [J].冰川冻土，
35（2）：272-279.

孙超，吕一彦，吴继敏.2014.大型堆积体边坡极限平衡稳定性分析 [J].水利与建筑工程学报，（1）：
147-150.

孙广忠.1988.岩体结构力学 [M].北京：科学出版社.

孙红月，尚岳全，吕庆.2006.溜砂坡的成灾机理与防治对策 [J].自然灾害学报，15（4）：28-32.

唐宏旭.2013.四川省龙池地区沟谷型泥石流堆积范围的研究 [D].成都理工大学博士学位论文.

铁永波.2009.强震区城镇泥石流灾害风险评价方法与体系研究 [D].成都理工大学博士学位论文.

万瑜，曹兴，窦新英，等.2015.中天山北坡春季寒潮型暴雪致灾成因分析 [J].干旱区地理，38（3）：
478-486.

王丙超，刘萍，张毓涛，等.2008.天山中段天山云杉林林冠降雨截留特征研究 [J].新疆农业大学学
报，31（2）：76-80.

王成华，阚云，徐骏，等.2007.粒状碎屑溜砂坡运动方程与砂坡土压力计算（溜砂坡系列研究之三）
[J].岩土力学，28（7）：1299-1303.

王成华，徐骏，何思明，等.2007.粒状碎屑溜砂坡树根桩固砂防护技术 [J].中国水土保持科学，
5（1）：93-96.

王海涛.2006.基于北斗双星定位系统的精密快速定向技术研究 [D].国防科学技术大学硕士学位论
文.

王洪辉，庹先国，彭凤凌，等.2014.基于智能手机的地质灾害群测群防终端 [J].工程地质学报，
22（3）：436-442.

王坚，高井祥，张继贤.2007.滑坡灾害遥感遥测预警理论及方法 [J].测绘学报，36（4）：369.

王雷.2008.基于 DEM 的东川泥石流地质环境遥感研究 [D].昆明理工大学博士学位论文.

王利，张勤，范丽红，等.2015.北斗/GPS 融合静态相对定位用于高精度地面沉降监测的试验与结果分
析 [J].工程地质学报，23（1）：119-125.

王利.2006.公路边坡监测理论与 GPS 一机多天线系统研究 [D].长安大学硕士学位论文.

王蕊颖.2014.芝瑞镇空沟泥石流危险性评价和运动特征模拟 [D].吉林大学博士学位论文.

王沙燚.2008.灾害系统与灾变动力学研究方法探索 [D].浙江大学博士学位论文.

王思敬.2013.工程地质学科的世纪演化与前景 [J].工程地质学报，21（1）：1-5.

王腾飞 .2013. 麻柳沟坡面泥石流形成机制试验研究［D］. 中国地质大学（北京）博士学位论文 .

王伟，王桂芹 .2006. 浅谈防护与支挡结构物的分类和作用［J］. 黑龙江交通科技，29（10）：18.

王文龙 .2010. 重大公路灾害遥感监测与评估技术研究［D］. 武汉大学博士学位论文 .

王新欣 .2008. 天山北坡中段典型草原区地上生物量遥感监测模型的建立［D］. 新疆农业大学博士学位论文 .

王秀琴，卢新玉，王金凤 .2013. 不同积雪深度下地面温度与雪面温度的相关［J］. 气象科技，41（6）：1068-1072.

王秀琴，马玲霞，卢新玉，等 .2012. 基于不同雪深的地面温度、雪（草）面温度与气温的关系［J］. 沙漠与绿洲气象，6（4）：64-67.

卫通 .2003. 国内首次应用"北斗一号"卫星的雨量监测速报系统建成［J］. 中国水利，（15）：76.

魏丽娜，李川，傅荣华 .2014. 散粒体斜坡稳定性相关因素试验研究［J］. 水利与建筑工程学报，（1）：55-61.

吴国雄，曾榕彬，王成华，等 .2006. 溜砂坡的形成诱发因素及失稳破坏条件［J］. 中国铁道科学，27（5）：7-12.

吴积善 .1993. 泥石流及其综合治理［M］. 北京：科学出版社 .

吴忠广，王海燕，陶连金，等 .2014. 高速公路高边坡施工安全总体风险评估方法［J］. 中国安全科学学报，24（12）：124-129.

伍琪琳 .2011. 边坡变形监测数据的小波降噪和粗糙惩罚平滑［D］. 浙江大学博士学位论文 .

武继峰 .2016. 多元信息融合的交通干线地质灾害快速应急与监测技术研究［D］. 长安大学博士学位论文 .

向国萍，张丹丹，常鸣，等 .2015. 七盘沟堰塞体溃决后水动力特征及沟内泥石流启动条件分析［J］. 水电能源科学，（4）：143-146.

肖进 .2009. 重大滑坡灾害应急处置理论与实践［D］. 成都理工大学博士学位论文 .

解佳楠 .2011. 边坡变形灾害监测治理信息技术研究［D］. 北方工业大学博士学位论文 .

熊黑钢，刘耕年 .1997. 天山泥石流灾害的形成条件和过程特点［J］. 地理科学，17（3）：243-247.

徐道明，冯清华 .1988. 冰川泥石流与冰湖溃决灾害研究［J］. 冰川冻土，10（3）：284-289.

徐海洋，夏克勤，张晓光 .2008. 天山公路典型溜砂坡防治措施研究［J］. 地质灾害与环境保护，19（4）：25-28.

徐俊荣，仇家琪 .1996. 天山地区影响稳定积雪形成的初始气候条件研究——以天山积雪雪崩研究站为例［J］. 干旱区地理，（4）：51-55.

徐骏，王成华，何思明，等 .2007. 粒状碎屑溜砂坡桩板墙加固防护技术［J］. 水土保持研究，14（3）：315-317.

许冲，徐锡伟，郑文俊 .2013.2013 年 7 月 22 日岷县漳县 Ms 6.6 级地震滑坡编录与空间分布规律分析［J］. 工程地质学报，21（5）：736-749.

许冲，戴福初，陈剑，等 .2009. 汶川 Ms8.0 地震重灾区次生地质灾害遥感精细解译［J］. 遥感学报，13（4）：745-762.

许冲，徐锡伟，吴熙彦，等 .2013.2008 年汶川地震滑坡详细编目及其空间分布规律分析［J］. 工程地质学报，21（1）：25-44.

许晓明 .2012.GPS 技术在边坡变形监测中的应用及其数据处理研究［D］. 江西理工大学硕士学位论文 .

燕继宇 .2015. 内蒙克旗泥石流堆积区平面形态和危险范围预测模型［D］. 吉林大学博士学位论文 .

杨柯，张军 .2012. 层次分析法在溜砂坡危险性评价中的应用［J］. 长春工程学院学报（自然科学版），13（4）：028-031.

杨亮 . 2014. GPS 技术在边坡监测中的应用研究［D］. 兰州理工大学博士学位论文 .

杨林科 . 2013. 大渡河深切河谷段危岩分布与滚石冲击力研究［D］. 成都理工大学博士学位论文 .

杨奇超，袁广祥，高昂 . 2012. 川藏公路八宿至林芝段堆积体边坡的治理措施及其效果分析［J］. 地质
灾害与环境保护，23（4）：41-45.

杨青，史玉光，袁玉江，等 . 2006. 基于 DEM 的天山山区气温和降水序列推算方法研究［J］. 冰川冻
土，28（3）：337-342.

杨三强 . 2007. 天山公路泥石流病害分类及形成机理研究［D］. 新疆农业大学博士学位论文 .

杨志全，朱颖彦，廖丽萍，等 . 2013. 中巴公路沿线溜石坡［J］. 地质科技情报，32（6）：175-180.

杨主恩，张先康，赵瑞斌，等 . 2005. 天山中段的深浅构造特征［J］. 地震地质，27（1）：11-19.

殷学超 . 2012. 基于监测数据的大岗山高边坡稳定性预测预报研究［D］. 武汉理工大学博士学位论文 .

袁勤 . 2008. 高速公路边坡稳定性远程自动在线监测技术的研究［D］. 江西理工大学硕士学位论文 .

袁晴雪，魏文寿 . 2006. 中国天山山区近 40a 来的年气候变化［J］. 干旱区研究，23（1）：115-118.

袁润 . 2014. 基于 GPS 技术的公路边坡安全远程多源监测系统设计［D］. 武汉工程大学硕士学位论文 .

乐茂华，朱静，黄勋，等 . 2013. 雍家沟泥石流活动特征与堵江［J］. 山地学报，31（5）：573-579.

张斌 . 2010. 滑坡地质灾害远程监测关键问题研究［D］. 中国矿业大学（北京）博士学位论文 .

张博 . 2006. 天山公路地质灾害发育分布特征及防治对策研究［D］. 成都理工大学硕士学位论文 .

张华伟 . 2013. 太原西山虎峪沟泥石流流场三维数值模拟研究［D］. 太原理工大学博士学位论文 .

张立芸，唐亚，杨欣 . 2014. 1969~2012 年长江源各拉丹冬地区主要冰川整体和局部变化及其对气候变化
的响应［J］. 干旱区地理，37（2）：212-221.

张丽旭，魏文寿 . 2002. 天山西部中山带积雪变化趋势与气温和降水的关系——以巩乃斯河谷为例［J］.
地理科学，22（1）：67-71.

张连成，胡列群，李帅，等 . 2015. 基于 GIS 的天山南北坡雪线分布特征及其影响因素分析［J］. 水土保
持研究，22（3）：259-263.

张琳，李英芹，孙辉 . 2011. 在线变形监测系统在露天煤矿中的应用［J］. 煤矿安全，42（9）：120-122.

张世殊，裴向军，张雄，等 . 2016. 强震区泥石流坡面物源发育规律与侵蚀坡度效应研究［J］. 岩石力
学与工程学报，（a02）：4139-4147.

张文君 . 2007. 滑坡灾害遥感动态特征监测及其预测分析研究［D］. 西南交通大学博士学位论文 .

张小刚，杨天军，田金昌 . 2013. 川藏公路特殊碎屑流灾害综合防治技术［J］. 地质通报，32（12）：
2031-2037.

张晓光 . 2008. 天山公路南段环境工程地质研究［D］. 成都理工大学博士学位论文 .

张雄 . 2015. 泥石流物源侵蚀运移特征及危险性评价研究［D］. 成都理工大学博士学位论文 .

张豫芳，杨德刚，张小雷，等 . 2006. 天山北坡绿洲城市空间形态时空特征分析［J］. 地理科学进展，
25（6）：138-147.

张元才，傅荣华，郭素芳 . 2007. 天山公路溜砂坡防治工程参数试验研究［J］. 地质灾害与环境保护，
18（4）：7-10.

张元才，傅荣华，黄润秋 . 2008. 天山公路溜砂坡动力学特性及分形特征试验研究［J］. 防灾减灾工程
学报，28（2）：219-222.

张正勇，何新林，刘琳，等 . 2015. 中国天山山区降水空间分布模拟及成因分析［J］. 水科学进展，
26（4）：500-508.

章桂芳 . 2009. 松辽盆地西部斜坡区烃渗漏信息遥感增强与提取［D］. 浙江大学博士学位论文 .

赵海军，马凤山，郭捷，等 . 2011. 龙首矿露天转地下开采对边坡岩体稳定性的影响［J］. 煤炭学报，
36（10）：1635-1641.

赵俊荣，晋绿生，杨景辉，等.2008.T213 预报产品对新疆天山北坡带中部大降水解释检验分析［J］. 安徽农业科学，36（7）：2834-2835.

赵克烈.2006.岩质高边坡施工期监测及其稳定性研究［D］.武汉理工大学博士学位论文.

赵立冬.2007.天山公路边坡岩体质量分级研究［D］.成都理工大学博士学位论文.

赵培培，张明军，王圣杰，等.2015.1960-2012 年中国天山山区极端气温的变化特征［J］.水土保持研究，22（6）：190-197.

赵星，李龙，李禹霏，等.2014.泥石流自动化监测预警技术的应用——以贵州省望谟县望谟河泥石流为例［J］.工程地质学报，22（3）：443-449.

赵志峰.2007.基于位移监测信息的岩石高边坡安全评价理论和方法研究［D］.河海大学博士学位论文.

中国科学院水利部成都山地灾害与环境研究所.2000.中国泥石流［M］.北京：商务印书馆.

周必凡.1991.泥石流防治指南［M］.北京：科学出版社.

周亮.2012.基于位移反分析的露天边坡稳定性评价［J］.矿冶工程，32（5）：11-14.

周林丽.2011.基于 GPS 的黄土边坡变形监测应用研究［D］.兰州理工大学博士学位论文.

周平根，过静珺，李昂，等.2008.基于"北斗一号"导航卫星通讯的滑坡实时监测系统研究［J］.全球定位系统，33（5）：20-23.

周伟，杨峰，钱育蓉，等.2012.天山北坡草地遥感分类及其精度分析［J］.草业科学，29（10）：1526-1532.

周志远，朱静，刘洋.2015.基于 RS 和 GIS 的藏东南地区泥石流物源信息提取及典型泥石流分析［J］.水电能源科学，（1）：127-131.

朱永辉.2010.基于北斗卫星的地质灾害实时监测系统研究与应用［D］.清华大学硕士学位论文.

朱永辉，白征东，过静珺，等.2010.基于北斗一号的地质灾害自动监测系统［J］.测绘通报，（2）：5-7.

Arild Palmström. 1995. RMi-a rock mass characterization system for rock engineering purposes（Ph. D thesis）［D］. Department of geology faculty of mathematics and natural sciences university.

Bieniawski Z T. 2004. Nuevas tendencias en lacaracterización del macizo rocoso y en el diseno y construcción de túneles. Ingeo Túneles，Serie：Ingenier′a de túneles，8：39-57.

Cai M，Kaiser P K，Tasaka Y，et al. 2007. Determination of residual strength parameters of jointed rock masses using the GSI system. International Journal of Rock Mechanics & Mining Sciences：247-265.

Cai M，Kaiser P K，UnoY H. 2004. Estimation of rock mass deformation modulus and strength of jointed hard rock masses using the GSI system. International Journal of Rock Mechanics & Mining Sciences，41：3-19.

Catrin E. 2004. Evaluation of rock mass strength criteria（Ph. D thesis）．［D］ Lulea University of Technology，

Hoek E，Brown E T. 1980. Empirical strength criterion for rock masses. J. Geotech.［J］. Engng Div. ASCE 106（GT9），1013-1035.

Hoek E，Brown E T. 1997. Practical estimates of rock mass strength［J］. International Journal of Rock Mechanics & Mining Sciences，34（8）：1165-1186.

Hoek E，Carranza-torres C，Corkum B. 2002. Hoek-Brown failure criterion—2002 edition［C］. Toronto：Proc. 5th North American Rock Mechanics Symposium，267-273.

Hoek E，Marinos P，Benissi M. 1998. Applicability of the geological strength index（GSI）classification for very weak and sheared rock masses：The case of the Athens Schist Formation［J］. Bull. Eng. Geol. Environ.，57（2）：151-160（Example no. 3）．

Hoseinie S H，Aghababaei H，Pourrahimian Y. 2008. Development of a new classification system for assessing of

Rock mass Drillability index （RDi）［J］. International Journal of Rock Mechanics & Mining Sciences，45：1-10.

Li P Y，Yang Q，Luan M T. 2005. Modification of formula estimating ultimate bearing capacity of rock foundation based on Hoek-Brown strength criterion ［J］. Rock and Soil Mechanics，26（4）：64-666.

Lin D，Chen P，Ma J，et al. 2018. Assessment of slope construction risk uncertainty based on index importance ranking ［J］. Bulletin of Engineering Geology and the Environment.

Marinos P，Hoek E. 2000. GSI：a Geologically Friendly Tool for Rock Mass Strength Estimation ［C］. Melbourne：Proceedings of the GeoEng2000 at the international conference on geotechnical and geological engineering.

Osgoui R R，Erdal Ünal. 2009. An empirical method for design of grouted bolts in rock tunnels based on the Geological Strength Index （GSI）［J］. Engineering Geology，107：154-166.

Russo G. 2009. A new rational method for calculating the GSI ［J］. Tunnelling and Underground Space Technology，24：103-111.

Sonmez H，Ulusay R. 1999. Modifications to the geological strength index （GSI） and their applicability to stability of slopes ［J］. Int. J. Rock Mech. Mining Sci. ，（36）：743-760.